淨化金毒、史上最簡單的開運增財術

被財神爺喜歡到怕的方法

恐ろしいほどお金の神様に好かれる方法

心理諮商師 masa——著

陳聖怡——譯

前言

歡迎來到吸引「財神」來敲門、得到神奇額外收入的世界

我先冒昧問大家一個問題：你喜歡納豆嗎？

我很愛吃納豆，
冰箱裡總是常備著一組三入的盒裝納豆。
因爲我實在太愛納豆了，要是冰箱裡沒有納豆就無法安心。
但是，討厭納豆的人會在冰箱裡放納豆嗎？
基本上要是討厭納豆，就不會在冰箱裡放納豆吧。
也就是說，
這件事可以寫成一道理所當然的公式。
喜歡納豆＝冰箱裡會放納豆

討厭納豆＝冰箱裡不會放納豆

要是各位很困惑「這是在講什麼東西啊！莫名其妙」，那我很抱歉。

現在開始進入正題！

我就直接問了！

「你喜歡錢嗎？」

我想應該大多數人都會回答「最喜歡了」。

只要有了錢，就能買想要的東西。

可以住在想住的房子，也可以去旅行。

有錢就會感到安心，可以安穩地生活下去。

可以好好孝順從小被自己麻煩到大的父母。

完全想不到壞處！

那麼我再問，

「你滿意自己銀行戶頭裡的存款數字嗎？」

可能會有人跟以前的我一樣，

聽到這句話就「呃啊……」有椎心刺骨的感覺吧。

我以前都會避免跟朋友聊到錢的話題。
因爲我總是處在「缺錢」的狀態，
一聽到別人問我「你存了多少錢？」就會感到十分空虛……
後來，我爲了改變自己，
去參加了一個自我啓發的講座，
結果大受衝擊。
講師說：「愛錢的人請舉手。」
我舉起手以後，他又說：
「對自己銀行存款很滿意的人，請繼續舉著手。」
我和絕大多數的參加者都把手放下來了。
講師又補上一句：
「喜歡納豆的話，冰箱裡應該就會放納豆。
喜歡錢的話，戶頭裡應該就會存自己滿意的金額。
如果你喜歡錢卻沒有多到讓自己滿意的錢，
其實就代表你下意識是討厭錢的。」

我聽完就像是如雷轟頂般地震撼！
於是才發覺**「原來我不喜歡錢」**。
如果你現在覺得自己經濟無虞，
那看這本書或許就只是浪費時間。
畢竟「時間就是金錢」，
還是把你寶貴的時間留給其他事情吧。
但是，如果你跟以前的我一樣，
覺得「搞不好我其實不喜歡錢」，
那最好還是繼續看下去，
我保證不會讓你後悔！
我會在書裡介紹很多具體的方法，
讓你的銀行存款多到包你滿意。
例如在本書101頁裡提到**「額外收入不是只有錢」**
有位女性接受了這個觀點，
在職場上拿到別人贈送的沖繩伴手禮金楚糕。

如果是以前，她只會說「謝謝」就算了，
但現在她已經能自然而然地認為
「到當地買這盒金楚糕要五百日圓吧，
所以這也算是很棒的額外收入，眞感謝」了。
結果發生了神奇的事！
有一天，同住的婆婆拜託她
「幫我去領二十萬日圓出來」。
她還心想「這次領的錢比平常要多啊」，
想不到婆婆卻表示「謝謝你平常爲家裡付出這麼多」，
讓她**出乎意料「拿到十萬日圓的大紅包！」**。
她很驚訝地說：「我們同住十五年了，第一次有這種事！簡直是奇蹟。」
不過在我看來，就是用這種感覺
才更容易引發跟財富有關的奇蹟！
而我在這本書裡特別想要告訴大家的，
就是——

「你想要每個月多幾萬元、過著有點奢侈的人生嗎？」
只要每個月能多幾萬元，
就可以外出旅行、買想要的東西、上美體沙龍、
隨興去吃高檔壽司和烤肉、學才藝、增加存款……，
以前需要克制的事，都可以放縱去做。
這樣心情就會輕鬆多了，能夠體貼待人，對未來感到安心。
要不要一起來體驗一下
只要看書就能吸引「財神」來敲門、得到神奇額外收入的世界呢？

目次 Contents

第2章 淨化金毒、遠離窮神的方法

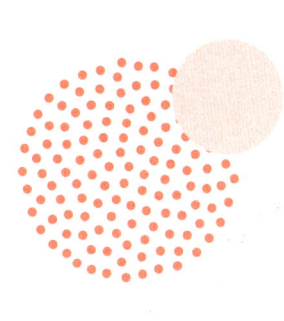

第3章 ✦ 能夠招財的「有錢人思維」訓練課

第4章 一輩子跟錢融洽相處的習慣

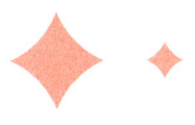

第 1 章

害你缺錢的人，搞不好就是你自己？

搞不好，其實你很討厭錢？

「我想增加收入。」
「我只想存到將來可以安心生活的錢。」
「我想中樂透大獎。」
「我想過得比現在更富裕。」

我每天都會聽到這些關於金錢的眞切心願，明明大家都是這麼誠心誠意追求財富，但現實卻往往無法如願……

爲什麼跟錢有關的願望很難實現呢？

或許是因爲，你下意識**討厭金錢的緣故**。

「我怎麼可能會討厭錢！」我好像聽到了有人這樣大喊。

我在〈前言〉也提過，

「你喜歡錢嗎？」這個問題，

十個人當中會有十個人回答「喜歡」吧。

但是，就連平常總愛說「我超愛錢！」的人，內心深處也可能對金錢有負面印象。

這是長期累積下來的感受，所以自己往往很難察覺。

下一頁的檢查表，能幫各位找出自己**對金錢的「成見」**。不需要想太多，請憑直覺回答就好。

對金錢的成見檢查表

請在下列項目中，勾選符合自己的項目。

- □ 對「有錢人」的印象不太好
- □ 認為「有錢人」跟自己是不同世界的人
- □ 會「因為便宜」就買下原本不打算買的東西
- □ 認為必須要點詐，才有可能賺大錢
- □ 口頭禪是「我沒錢」
- □ 小時候曾經為錢煩惱
- □ 小時候曾經聽父母說「我們家很窮」、「我們家沒有錢」
- □ 會「因為沒錢」而一直克制不去做某些事
- □ 會不小心疏忽廚房浴廁的打掃工作
- □ 錢包裡塞滿發票或用不到的卡片類

你勾選了幾項呢？

其實只要是勾選一項以上的人，都可能對金錢有負面的印象，所以就請繼續往下看吧。

不管是誰，對錢都會有某些「印象」。

那是由我們小時候（約四歲～十五歲）與錢相關的經驗和價值觀塑造而成。

小孩子不可能握有金錢的主導權，所以**成長環境和父母的價值觀**會造成很大的影響。

我們對錢的印象，會變成**「成見」**埋藏在內心深處。這成見愈是負面，就會愈覺得賺錢、錢變多是件很不舒服的事。

「我無法想像賺錢很簡單。」

「有錢人肯定都會做些奸詐的行爲。」

諸如此類……這股**不舒暢的感覺會妨礙你變得有錢**。

如果你勾選了很多項目，也不必感到沮喪。在這裡，你只要察覺自己內心有哪些成見就夠了。

這本書會充分解說要如何排除這些成見、變成有錢人體質。各位就放心繼續看下去吧。

看到路邊有個一圓硬幣……你會怎麼辦？

我想在這裡問大家一個問題。

假設你早上出門上班，走在車站前面的人行道上，發現路邊有個一圓硬幣。

接下來，你會怎麼辦？

我對很多人問過這個問題，而回答「我不會撿」、「不管它」的人占了絕大多數。

那如果掉的是千圓鈔票呢？意料之內，回答「撿起來」的人一下子增加許多。

當然在這種情況下需要把錢送到警察局，但是……我希望各位可以關注自己不撿一圓硬幣卻撿鈔票的心態。

明明想要錢、**想變成有錢人**，**實際上卻一點也不珍惜錢**……其實你也有這一面，不是嗎？

「撿一塊錢又不能幹嘛。」

「被人看到自己撿一塊錢很丟臉。」

你是不是隱約有這種想法呢？

理所當然，只要收集一千個一圓硬幣，就相當於一千圓。爲什麼金錢的面額會讓人改變行爲呢？

這其中或許隱藏著自己也沒有察覺的，「對錢的負面成見」。

順便一提，我並不會想著「一塊錢就不撿」。我常說自己「會跟錢對到眼」，撿到錢的次數眞的很多，只要走在路上，就能聽到錢在呼喚我。

被車子輾到凹凸不平的一圓硬幣、遺落在陰暗角落的一圓硬幣，感覺都像是在對我發出「救救我」的訊號。

當然我並不是天生就如此，而是在閱讀各種心理學和自我啓發的書，身體力行，改變金錢價值觀的過程中，才漸漸變成**「會跟錢對到眼的體質」**。

我已經無法再忽視向我求救的錢了！

我想閱讀這本書的各位讀者，肯定不久後就會在路邊看到一圓硬幣。

其實，**在那當下的反應，會決定你是否能夠跟錢打好交道**。今天，還有明天，或許你就會遇上這一刻。

關於怎麼處理撿到的一圓硬幣，請參考161頁。

這是我實際撿到的一塊錢。破破爛爛的一圓硬幣經常在路邊向我求救。

你對「有錢人」有什麼感覺？

這裡我要再問大家一個問題。

假設你請了寺院裡的和尚來誦經做法事，而那位和尚開著賓士或法拉利這種高級進口車出現，你會怎麼想呢？

這個問題很有名，可能已經有人聽過了。

「竟然用我們布施的錢買這種高級車……」、「這麼輕鬆就能賺大錢，好奸詐啊。」、「和尚眞的不用本錢啊。」

會有這些負面觀感的人並不少。

如果你心中也有這些想法，那**你對錢的負面成見算是相當大喔**。

那位和尚買車的錢，跟你工作賺來的錢，一樣都是爲別人付出而獲取的錢。

他並不是靠騙人來賺錢。追根究底，**要怎麼用自己賺來的錢是個人自由**。

我對這位和尚只會有一個想法。

那就是「他應該很愛車吧。」

同理，也有人會嫉妒別人拿著價值幾十萬、幾百萬的高級名牌包。
這股嫉妒的情緒，會讓錢遠離自己。
照理說，別人努力工作賺到的錢要怎麼花都可以，如果你也想要那些包包，當然大可去買。

「清貧」的幻想從何而來？

「有錢人都很壞。」
「有錢人都會耍詐。」
這種負面的印象都是從哪裡來的呢？
前面我也提過，自己成長的家庭環境影響很大。
我本身在小時候，母親每次只要看電視的雜聞節目拍攝藝人明星的奢華生活情景，都會說「有錢人眞糟糕」。

於是，我自然就養成了「有錢人都是壞人」的成見。

除了家庭環境以外，還有另一個更大的社會因素影響了我。

一九八三年起在NHK電視台播放的連續劇《阿信》，掀起了一大熱潮，劇中描述了在貧苦中以純潔的心境，活過戰後混亂社會的人類群像。

甚至連小孩子看的卡通動畫，也經常把有錢人描寫成惹人厭，或是態度蠻橫的角色。

奢侈是大敵。

在戰後貧窮的時代，會形成這種風潮也是無可奈何的事。

但是，**這並不等於「有錢人就是壞人」**。

你對有錢人有什麼印象呢？

反思一下這件事，就能察覺自己心中既有的成見。

「幸福有錢人」的共同點

請大家先看下一頁的插圖，這張圖非常粗略地將社會上的人分成四大類。

雖然有錢和沒錢的標準因人而異，不過社會上就是會分成「有錢人」和「沒有錢的人」。

同理，還有「好人」與「壞人」。

既然有「有錢的好人」，就會有「沒錢的壞人」。

我想說的是，**有沒有錢，跟身為好人或壞人沒有關係**。

或許會有人想說這是在講什麼廢話吧。

沒錯，大家應該都很清楚這是理所當然的事。

「有錢人都很壞。」

「有錢人都會耍詐。」

當你的腦海中閃過這種念頭時，請一定要想起這張圖。

還有，你希望自己是屬於這四種類型的那一種呢？

當然會想當**「有錢的好人」**對吧？

既然如此，現在開始就朝著這個目標生活下去吧。而第一步，就是要**「喜歡有錢人」**。

財神會眷顧「幸福的有錢人」

前面提過，我從小受到母親的影響，養成了「有錢人都很壞」的成見。

會上電視節目的有錢人，都是經過極度誇大的吧。

住在高樓大廈裡，有好幾輛高級轎車，如果是男性就會有許多美女簇擁，花錢毫不手軟……

看到這些情景，總覺得好不爽啊、好低俗啊，會產生這些抗拒的反應也很正常。

會誇大到這種程度，終究是因為誇張、簡單粗暴的表現才能提高收視率。

但是，在我長大成人後，實際接觸到的許多大老闆和有錢人，卻是完全不同的形象。

我所遇到的有錢人，**都是溫和親切的人**。

他們總是慷慨解囊，喜歡製造驚喜來討人歡心。

他們善於讚美，即便是芝麻小事也不吝於稱讚。

他們在家裡也會熱情地招待賓客，讓人可以舒舒服服地做客。

與這些人相處，消除了我心中負面的成見。

我希望大家都能知道，很多「有錢人」都是心態從容、友善的好人。

就算你不認識任何有錢人，只要稍微上網搜尋一下，就能找到有錢人從事公益活動的消息，例如日本的優衣庫社長柳井正先生、ZOZO的前任社長前澤友作先生，都曾經在天災後捐贈大筆金額給災區。

我從二十七歲開始，敬愛了十八年的銀座日漢創辦人齋藤一人先生，曾多次高居日本納稅額排行榜之首。

畢生納稅額名列日本第一的他，認爲「好好繳稅就是貢獻社會」，對日本經濟做出巨大的貢獻。

這群「幸福的有錢人」，都很清楚**付出就會得到更多回報的宇宙法則**。

也就是說，他們都**受到「財神」的眷顧**。

不要覺得這群人跟自己沒有關係，請一定要喜歡上「幸福的有錢人」。

整天都在煩惱沒錢的人

每天新聞都在報導物價居高不下，還有「一人兩千萬日圓的退休金根本不夠」、「孩子的教育費一人要一千萬日圓」等，聽見這些數字總會讓人感到不安，對吧？

要是因爲這些坊間流傳的消息而憂慮著「我沒那麼多錢，怎麼辦……」別說是財神了，反而還可能會**吸引窮神找上門**。

在思考「我沒錢」、「錢不夠」之前，不妨先試著面對自己不安的情緒吧？

我在心理諮商的現場，以及發行電子雜誌後收到的讀者回饋中，都有很多人非常擔心錢的問題。

但是仔細追問下去後，我發現這些大多都是「隱約感到不安」。只會想著缺錢，卻不知道「究竟還缺多少錢」。

這股不安的情緒，其實都是因爲「不知道」。

退休以後需要的資金、孩子的教育費，會因每個人的家庭狀況而異。只要掌握自己的家庭狀況，還有除了需要的金額以外，也一併掌握現有的存款和今後可以賺取的收入，應該就能減輕心裡的憂慮。

願望是「想要錢」，卻根本不知道自己需要多少錢，你已經發現自己的想法有這種矛盾了嗎？

這個想法當中，或許就隱藏著對金錢的負面成見。

請參照第4章「要妥善整頓錢財」（157頁），將自己的財富「視覺化」，掃去內心隱約的煩悶吧。

並不是所有物品都在漲價

最近的確是各種物價都在上漲，不過只要仔細觀察一下，就會發現**也有不少**

物品的價格比以前更低廉了。

比方說，手機的使用成本大幅下降，只要利用社群網站就能免費通話。

此外，優衣庫這類快時尚品牌興起，與過去需要在百貨公司買衣服的時代相比，衣服也便宜了許多。

在家看電影、聽音樂，以前需要在影音出租店租借光碟，現在則是可以輕鬆使用影音串流平台的訂閱服務。

像這樣**多去注意變得平價、優惠的物品**，也是受到財神眷顧的一大重點。

錢都有「意志」

請回想一下你有哪些討厭的人、排斥的人。

你會想要跟他們待在同一個空間裡嗎？

假如你很討厭公司主管，但你需要跟他單獨開會討論……這段時間你會非常痛苦，會想趕快逃離那裡對吧？

盡量避免跟討厭的人互動、不跟對方扯上關係，這是人之常情。

相反地，你應該會想跟家人或戀人、親密的好友、深愛的人多相處一點。

其實，對錢也是同理。

錢都有「意志」。

可能會有人覺得我突然這樣講，那又能怎樣……但，這是日本首富齋藤一人先生也說過的話。

不過，光憑我到目前的親身經歷和見證許多客戶的經驗，我也能肯定地說：

錢跟我們一樣，都有意志。

所以，**錢最喜歡願意珍惜它的人**了。

你也同樣會想跟願意善待自己的人在一起，對吧？

如果你因爲成見而下意識討厭金錢，錢就會離你愈來愈遠。

你平常會好好珍惜錢嗎？

請記住，你跟錢的關係就相當於人際關係。

不知不覺累積的「金毒」是什麼？

不管再怎麼省吃儉用，就是存不了錢。
薪水才剛入袋，沒多久就又花掉了。

如果你是這種人，說不定你身上已經累積了**「金毒」**。

金毒就是「金錢的毒」。
字面上看起來好像很可怕，不過用風水來說，這就是指與金錢有關的晦氣。
它會像病毒一樣增殖，寄生在人的身上、大肆啃食宿主的財運。好恐怖喔！
金毒會因爲你說了錢的壞話、嫉妒別人、極力避免花錢而不斷累積下去。

前面說過，想法隨著與錢有關的資訊起舞，會吸引窮神找上門，而**累積金毒的狀態正中窮神的喜好**。假如你處在這種狀態下，即使有大筆金錢入袋，你也不會變成「幸福的有錢人」。

要受到福神眷顧、成爲幸福的有錢人，首先需要的是淨化金毒。

我會在第2章詳細敘述淨化的方法，但是在不顧一切嘗試提升財運以前，請你先反省一下「我的體內是不是累積了金毒？」

第一步就是要先察覺這件事！

財神與窮神，誰在你的身邊？

前面出現了「財神」和「窮神」這些字眼，那祂們是什麼樣的神呢？我就先整理如下。

財神

- 會賜予幸福和財運的神。
- 會降臨在願意珍惜金錢的人身邊。
- 一旦得到「感謝」就會好運大放送。
- 最愛開心的事、感動的事，還有好吃的東西。
- 只要有人是為別人著想而花錢，祂就會加倍奉還。
- 人只要有宇宙儲蓄（77頁），就能以各種形式兌換成錢財。

・喜歡打掃得一塵不染的房間。要是廚房衛浴設施很髒，就不會定居下來。

窮神

・會搶走財運、使人不幸的神。
・最愛會說金錢壞話的人。
・工作是從人身上搶錢。
・會坐鎮在極度吝於花錢的人身邊。
・會降臨在愛嫉妒的人身邊。
・喜歡骯髒的房間，看到廚房衛浴設施髒兮兮就很開心。

在你身邊的，究竟是財神還是窮神呢？
我希望你能記住，就算是有錢人，也可能會吸引到窮神。

我就舉一些例子來看看。

只顧追求自家公司的利益，不惜犧牲一切也要賺錢，最後卻導致妻離子散的大老闆。

雖然靠著賭博賺了大錢，卻又遇到需要馬上付出鉅款的情況，結果一毛不剩的人。

並非自己眞心想要，只是愛慕虛榮、想爲自己充門面而不停搜刮名牌精品的人。

有人中了大樂透卻還是變得不幸，那就可以算是被窮神纏身的狀態了。

即使你現在沒有錢，但只要養成受到財神眷顧的習慣，祂就會降臨在你的身邊。

成爲受財神眷顧的「幸福有錢人」，首先就是要趕走窮神，接著再召喚財神。

第2章，我再來跟大家介紹徹底趕走窮神的方法！

第1章 重點整理

- 首先，重要的是察覺自己對錢的「成見」！
- 錢最愛願意珍惜它的人。所以反思一下自己平常的行為吧。
- 想像「幸福有錢人」的生活，試著期待自己變成那樣吧。
- 充分認識財神和窮神各自的特徵。

寫下自己到目前為止的心得吧。

第2章

淨化金毒、遠離窮神的方法

你的財運在不知不覺中被破壞了嗎？

沒辦法順利賺到錢。

就算賺了錢，也馬上就花掉了……。

我已經說過，這種人的體內可能累積了「金毒」，就是會破壞財運的金毒。

錢和金毒是一體兩面，金毒的特徵是想存錢的心情愈強烈，就會愈容易累積。

總覺得很讓人氣得牙癢癢呢……。

總而言之，要成為「幸福的有錢人」，就需要淨化金毒、儲蓄金錢。這裡我們就來看看**容易累積金毒的五種行為**吧。

1 說錢的壞話

要是說錢的壞話，或是詆毀有錢人，金毒就會趁機靠過來。

2 口頭禪是「我沒錢」

「我這個月也沒錢，好煩喔」、「這個月又虧錢」這些話是不是經常掛在你嘴邊呢？這些發言習慣也會讓金毒不斷累積。

「我們家很窮」、「沒錢也沒閒」這些話，就算是開玩笑也最好不要說。

3 愛嫉妒

嫉妒是風水中「火」和「水」的氣轉化成穢物時會產生的情緒，只要有這股情緒，金毒就會不斷增殖。

而且，就算只是待在嫉妒心強的人身邊，也會受到不良影響，需要小心。

要盡可能遠離總是對人心懷偏見、誹謗別人的人。

4 生活目標只有儲蓄

儲蓄很重要，有儲蓄才能感到安心，但要是一味地存錢卻不讓錢循環，就要當心了。

錢要循環才會增加。把錢用來讓自己開心，暢快地花出去吧！

5 不清理廚房衛浴設施的霉斑、汙垢

廚房衛浴是最容易出現金毒的地方，金毒最愛這裡的霉斑和汙垢。這些用水設施要是稍微疏於清理，汙垢就會逐漸擴散，破壞環境衛生。這樣金毒就會在轉眼間大量增殖……排水口等看不見的部分，也要經常保持乾淨。

一旦有細菌繁殖，就會累積金毒，所以廚房使用的菜瓜布和砧板都需要常常消毒。另外，廚餘的氣味也是金毒的餌食，要勤於處理丟棄。

你是不是會在無意之間，做出容易累積金毒的行爲呢？只要戒掉這些行爲，就可以防止金毒累積。

我的諮商客戶中，有人的口頭禪是「我這個月也沒錢……」於是我建議他把口頭禪改成**「我這個月也付清了房租，有飯可以吃，眞是太感謝了」**。特意改掉口頭禪後，他在平常喜歡的抽獎活動中，就開始連續抽中白米和旅遊等獎賞了。

而且，他每年還可以領到岳父母生前贈與的一百一十萬日圓。
眞的很驚人！
後來他表示：「看來我以前眞的累積了很多金毒呢……我再也不說錢的壞話了，太可怕了！」

立即見效！淨化金毒的方法

如果你發現「我好像有容易累積金毒的行爲……」現在立刻就戒掉這個習慣。

除此之外，我希望你下一步做的是淨化金毒。淨化可以驅逐你身邊的窮神，大幅提升你的財運喔！

有效的金毒淨化方法如下。

1 幫家人或朋友付錢

金毒最愛自我中心的人，而不會靠近願意爲別人付出的人。

爲別人花錢，也就是請客招待別人，或是送人禮物，不僅可以讓對方展露笑容，自己也會感到開心。

花錢讓人開心，是最棒的花錢方式，金毒會因此逐漸消失無蹤。

2 爲獎勵自己而花錢

你會不會因爲沒錢就嚴格節省支出，忍著不買想要的東西，或是去做想做的事呢？

暢快地花錢，可以逐漸淨化金毒。

當你努力完成工作或家事，或是達成某些目標時，一定要買點什麼當作獎勵。好好犒賞慰勞自己吧。

3 捐贈或捐款

除了請客招待、送禮給別人以外，「捐贈」和「捐款」也有很大的效果。捐贈和捐款可以讓你體會到「自己對別人有用」，這股情緒會淨化金毒。

不需要花大錢，在自己的能力範圍內小額捐款，就會有卓越的效果！

捐贈、捐款的對象，可以選擇活動內容讓自己認同的單位團體，找出你覺得「想對這些人有貢獻」的地方。

也很推薦把零錢投入便利商店或超市收銀台的捐款箱裡。

4 用鹽泡澡

我經常用鹽泡澡，泡完全身會變得暖烘烘，可以感受到排毒的效果。

鹽本身就有淨化作用，所以用鹽泡澡可以淨化金毒。

可以的話，最好選擇岩鹽等天然的鹽巴。

另外，我也推薦偶爾在泡澡水裡加紅酒或日本酒。

紅酒象徵豐饒，可以活化「金」的氣，有助於排出金毒。

日本酒也有潔淨的用途，是淨化效果很高的酒類。加進泡澡水裡，可以淨化金毒和累積的邪氣。

在嘗試各種提升財運的方法以前，要先用這些方法淨化金毒。

之後跑進你口袋的錢就會多到嚇死你喔！

關注自己「擁有」的東西

如果處於累積金毒、窮神纏身的狀態，你的目光就只會停留在自己「缺乏什麼」、「沒有什麼」。

・我這個月也沒錢。
・我沒有才華。
・跟那個人相比，我沒有魅力。

如此一來，你永遠也不會滿意，感覺不到自己活著的意義。

我在二十幾歲時，過著一貧如洗的生活。

我總是缺錢，住在每個月房租要三萬八千日圓的公寓裡，也沒有伴侶。因爲母親生病，我辭去朝九晚五的工作，靠兼差賺錢，在家照顧母親。我滿腦子都在想「我沒有的東西」，對人生不抱一絲希望。

後來促使我擺脫這種狀態的，就是「**感謝**」。

我透過齋藤一人先生的著作，和心理學博士小林正觀的教誨，學到了感謝的重要性，人生因此大幅好轉。

要是只關注自己「沒有的東西」，就無法心懷感謝了。所以，我希望各位都能**練習關注自己「擁有的東西」**。

我有房子住，我有衣服穿，我有飯可以吃，我偶爾能跟朋友一起去喝酒……你「擁有」這麼多東西，而當你能夠感謝這些東西時，就等於是打好了**財運亨通的基礎**。

不要在意自己「沒有」什麼，專注在自己「擁有」的東西上吧！

你的「生財力量」變弱了嗎？

大家都知道什麼是**「托缽」**嗎？

托缽是出家人捧著碗站在街邊誦經，接受路上行人布施的修行。雖然現在很難在街頭看到這種情景，不過還是有些寺院會做這件事。

我曾經聽小林正觀談過托缽。

托缽是大約在兩千五百年前，由釋迦牟尼最先發起的修行。

釋迦牟尼和一千兩百五十名弟子一同在竹林裡生活，有一天，他得到了天啓，於是向眾弟子開示：

「明天開始我想托缽，大家拿著缽挨家挨戶乞食。因此今天你們要想辦法找碗來。」

翌日，大家出發去托缽前，釋迦牟尼又表示：

「我有個重點要告訴大家，不要去富貴人家托缽，要去貧窮人家托缽。」

弟子們大吃一驚，問道：

「師父，您是不是說錯了？應該是不要去貧窮人家，而是去富貴人家托缽才對吧？」

但是，釋迦牟尼堅稱：

「我沒有說錯。我再吩咐一次，一定不要去富貴人家托缽，而要去貧窮人家托缽。」

弟子們覺得匪夷所思，於是向釋迦牟尼追問理由。

「貧窮人家都是覺得自己貧窮而無力布施、至今不曾施捨過的人，所以他們才會受苦。爲了拯救他們脫離苦海，我們才要去向他們托缽。」

這個故事令我震驚不已。

認爲「自己沒有財力，所以沒辦法施捨」的人，就是因爲**沒有施捨出去，才沒有錢財流入**。

意思就是，**他們靠自己生財的力量非常微弱**。

我本身也曾經是「貧窮人家」的立場，所以我能感同身受。

我在二十多歲的低潮時期，當超商店員的時薪是七百八十日圓，眞的是非常吃緊。

當時，車站附近都會有一群小孩向路人呼籲「請捐款做愛心」，但我每次看見他們的身影，心裡都會想「我也很需要別人捐款給我咧」。

因爲我「沒有」財力，所以「無法」施捨。

這就是前面提過的，只關注自己沒有什麼東西的狀態，正是窮神最喜歡的狀態。

釋迦牟尼是想給這些窮人一個擺脫貧窮迴圈的機會。

我聽完這個故事大約一個星期後，在街上看到托缽的出家人。當時我的口袋極度吃緊，但還是從皮夾裡掏出一枚五百日圓硬幣，放進他的碗裡。

這可是非常勇敢的行爲喔！

當我向他雙手合十後，這位出家人就爲我「叮」地搖了一下鈴。我還記得那一瞬間，我內心的陰霾消失了，心情變得舒暢許多。

托缽不只是出家人自己的修行，也是給我們積陰德的機會。
他們特地離開郊外的寺院，來到平常忙碌到遲遲無法去參拜的人身邊。

對我來說，小林正觀的這段故事，以及我向托缽僧侶施捨的經驗，就是改變我的金錢觀念的一大契機。

付出即是獲得。
這就是宇宙的法則。

有施才有得，意思就是自己要先爲了讓人開心而花錢吧。
前面也介紹過這是淨化金毒的方法，「施捨」就是現在所謂的捐贈和捐款。
各位不妨在自己的能力範圍內，開始捐獻一點小錢吧？

不花錢的人才會中的圈套

剛才已經談過，生活目標只有儲蓄、拚命努力不花錢，就會累積金毒。

這種時候，生財的力量也會在不知不覺中減弱，要多加小心。

不浪費、節儉固然重要，但千萬不能讓金流因此停滯。

如果想要愈來愈富有，最重要的是**讓金錢順暢地循環**起來。

「捨不得為自己花錢」是個大問題

「付出即是獲得。」

而付出的對象，並不僅限於別人。

爲自己付出也是一種付出。

你最近爲自己花過什麼錢呢？

我以心理諮商師身分跟許多人談過話，發現眞的有很多人「沒辦法大方花錢在自己身上」。

明明願意爲孩子或寵物花錢，卻吝於爲自己花錢。

如果是自己要用，都寧願買便宜的東西，而不是自己想要的東西。

明明有很多存款，卻不會花在自己身上。

覺得奢侈很要不得。

總是像這樣，把自己的需求排在後面，或是忽視自己的需求。
爲別人花錢是件好事，那你能**「爲了寶貴的自己」**花錢嗎？

你花在自己身上的錢，一定會再回到你身邊。
舉幾個爲自己花錢的例子來說，
外出用餐時，點自己眞正想吃的食物；
覺得身體疲勞時，就去按摩來療癒身心；
想要學習某些技能時，就投資自己去學習；
爲了打理自己的外表，上美容院或是購買衣服和配件；
偶爾外出旅行，享受一下。

你要像這樣爲自己花錢。
你大可過得比現在還要更幸福。

爲了寶貴的自己，盡量花掉珍貴的錢吧。

錢會在循環的過程中變得愈來愈多。

如果要讓富裕可以持續流動，別只是爲了別人，也爲了自己花錢吧。

請記住，**錢是獲得幸福的一種手段**。

錢可以透過「能量交換」不斷增加

以前的我看到街上捧著捐款箱的孩子們，曾經想過「我也需要別人捐款給我咧」。但是，「想要拿免費的」、「希望有人救救我」、「別人應該要幫我」這些有求於他人的心態若是過於強烈，富裕當然就不會找上門了。

有個詞叫作「伸手牌」。

自己沒錢，所以伸手要人出錢；

自己沒有能力，所以伸手要人幫忙；

伸手要求別人成全自己。

這就是前面提過的，目光只停留在自己「缺乏什麼」、「沒有什麼」的狀態。這樣不只會造成經濟上的窮困，也會使心靈不再從容和富有。

若要擺脫這種受到窮神青睞的狀態，就要遵循「付出即是獲得」的宇宙法則。不是得到後再施捨，而是**有施才有得**。

先為人付出，之後才會獲得。

絕對不肯吃虧的人

「因為打折」就買下自己並沒有那麼想要的東西。

聽到「大特價」就覺得不買會吃虧。

如果看到自己想要的東西剛好正在打折，抱著走運的心情買下來，那一點問題也沒有。

但若是把付錢當作「損失」，滿腦子想著要減少支出，富裕就完全不會找上門。

富裕是暢快的金錢循環所帶來的回報。

爽快地付錢，會使自己與對方之間產生能量交換，建立起福神安身的基礎。

回想自己小時候與錢有關的經歷

我在第1章，已經請各位察覺自己內心對於金錢的負面「成見」了。

這裡則是想讓大家試著稍微**仔細凝視這些成見**。

請各位回想一下自己小時候與錢有關的經歷。

參照你在本書開頭填寫過的檢查表，以勾選的項目為主，盡可能回想你當時的心情，或是具體的經過。

在你小的時候，負責掌握家中經濟主導權的是父親，還是母親呢？

你的父母有經常掛在嘴邊、關於金錢的口頭禪嗎？

你曾經克制過什麼跟錢有關的事嗎？

你印象最深刻的用錢經歷是什麼？

- **跟爸媽說：「我想要更多零用錢」，結果被臭罵了一頓。**
- **問爸媽：「為什麼我們家沒有錢？」結果他們露出悲傷的表情。**

- **爸媽不肯幫我買朋友也有的遊戲機，好難過。**
- **現在回想起來，爸媽光是要撐起這個家就用盡全力了吧。**

應該會想起諸如此類的回憶。當然，各位不必勉強回想負面的過去。

也可以想起一些正面的回憶，像是：

- **真心感謝父母拚命工作，讓我能夠上大學。**

不只是自己的心情，也可以想像一下父母的心情。

我在做心理諮商時，為了消除客戶的負面成見，會教他們定期在紙上寫出痛苦的回憶，再把紙撕碎丟掉。

但是，**千萬不要勉強回想**。

回想會觸及自己的心靈深處，所以這也是個非常敏感的課題。

實際上，這也是我在諮商時會花很多時間去面對的課題，如果你覺得回想過去很痛苦的話，就不要繼續深入探索了。
今非昔比，久而久之，或許你就能夠深入凝視這些回憶了。

財運大爆發的前兆！

當金毒逐漸淨化後，你身邊的金流就會開始改變。

屆時，會出現顯而易見的前兆。

那就是你會**經常撿到錢**。

我在第1章提過我平時經常撿到錢。

我把這個情況比喻成「會跟錢對上眼的體質」，而這正是財運到來的前兆。

除此之外，當財運突然爆發時，還會出現下列這些前兆。這些全部都是我客戶的親身經歷！

1 經常碰見象徵好兆頭的動物

像是瓢蟲、鳳蝶、青蛙、壁虎、烏龜等。

我有一位男性客戶是自由業，有一天，房間的天花板好像掉了什麼東西下來，他嚇得定睛一看，才發現是壁虎。他打開窗戶讓壁虎離開，結果沒有多久，他就簽下了一份酬勞超過八位數的大型顧問契約。

2 看見龍雲

龍雲顧名思義，就是看起來像龍的雲彩。雖然這種雲沒有明確的定義，不過只要你覺得看起來像，那就是龍雲。

龍雲即是龍神的化身。龍神會帶來各種好運，特別是財運。

有位女性客戶說「我看到天空有龍雲，就去買彩券試手氣」，結果居然中了三百萬日圓。

或許你的頭頂上就出現了龍雲，只是你沒有發現而已！

3 觀葉植物欣欣向榮

只要運氣順暢流通，整個屋子裡都會有好的氣循環。如此一來，觀葉植物就會茂盛成長、變得生氣勃勃，這就是財運上升的前兆。

有位客戶說他家的觀葉植物突然長得很茂盛，後來就被祖父母交代「把這筆錢用來照顧孩子吧」，拿到兩百萬日圓的意外之財。

4 救助動物

像是收留走失的家貓、照顧落巢的雛鳥，剛才的「讓壁虎離開家中」也是其中一個例子。

有位客戶告訴我，他在散步途中發現有鯉魚跳出池塘，在岸邊不停抖動，於是他上前把鯉魚放回池子裡。結果一個月後，他升上了主管職，薪水三級跳。

除了動物以外，救助昆蟲也是一樣。

把闖進家裡的昆蟲引導到室外，或是把在馬路上容易被車子輾到的昆蟲移到樹木邊。

就算是小小蟲子，也可能會回來報恩喔！

5 不小心把衣服穿反

其實，我經常不小心把衣服穿反（笑）。每次穿反時都會覺得很丟臉，但這也是財運上升的前兆。

有位客戶把襯衫穿反就直接去上班，被同事提醒後覺得很丟臉，但是在幾天後發放獎金的日子，他發現入帳金額提高了很多，是前所未見的數字。

你是不是有過類似的經歷呢？

如果你有頭緒的話，可以在潛意識裡洗腦自己「我接下來就要發財了！」自我暗示也很重要。

雀躍期待的心情可以吸引財運！

第2章
重點整理

- 「金毒」會破壞財運，要戒掉**容易累積「金毒」的行為**。
- 下一步，就是**實踐淨化金毒的方法**。
- **「付出即獲得」**是宇宙法則。
- 當金毒逐漸淨化，就會出現**財運上升的前兆**！

寫下自己到目前為止的心得吧。

第3章

能夠招財的「有錢人思維」訓練課

錢是會帶來幸福的天使

你已經精通怎麼淨化金毒了，你的周遭正逐漸變成窮神難以逗留的環境。

現在，祂一定在準備逃離你的身邊了！

可是一旦對金毒疏忽大意，它又會開始慢慢累積，所以你平常要多留意我在第2章介紹的「戒掉容易累積金毒的行爲」、「淨化金毒」這兩件事。

漸漸地，你就會變成不容易累積金毒的體質了。

這一章，我要來介紹怎麼召喚、看待能**引導你成爲幸福有錢人的「財神」**。

與財神兩情相悅的魔法

首先，我要傳授我珍藏的魔法，可以讓你與財神兩情相悅。

這是任何人隨時都可以使用的魔法。

這個魔法，就是想著**「錢是可以幫我帶來幸福的天使」**。

可能會有人覺得「突然講這個，什麼東西啊？」、「只有這樣而已？」不過「錢可以帶來幸福」是事實，對吧？

當你想要一件衣服就能買那件衣服，是因爲有錢。

當你想去泡溫泉就能出發去泡溫泉，是因爲有錢。

因爲有錢，你才能享受富裕。

錢眞的很方便，是個好東西。

而把錢**稱作「天使」**，就是這道魔法的重點。

假如能引導你成爲幸福有錢人的是「財神」，那錢感覺就像是「財神的使者」。

它來到你的身邊，爲你的現實帶來幸福的際遇。

雖然這個方法非常簡單，效果卻十分卓越。

我有位女性客戶，夫妻倆都有工作、有足夠的收入，卻完全存不了錢。

不過聽完她的談話後，我發現她對錢的負面成見相當強烈，她長久以來都認爲「錢是災難的源頭」、「錢很髒」，把錢看成十惡不赦。

只要她還這麼想，就絕對不可能受到財富的眷顧。

因此，我在多次與她對談的過程中，都會告訴她要反覆採取金毒淨化法，以及「天使」的魔法。

最後，她才改變了自己對金錢的觀點。

在此同時，她的存款也逐漸增加了。

她還寄了一封報喜的電子郵件給我：

「**我的生活沒有太大的改變，但我存摺上的存款愈來愈多了。前陣子存款第一次達到八位數，我開心死了。**原來只要想著『錢是會帶來幸福的天使』，就會受到金錢的眷顧呢。」

錢是會帶來幸福的天使。

只要這麼想著，就一定會願意珍惜金錢。

這就是魔法的眞正力量。

- 天使居住的錢包，要保持整齊乾淨、小心使用。
- 要感謝自己有錢才能活得幸福。
- 不要累積多餘的錢，要善於花錢。
- 不只是賺錢，付錢的時候也要心懷感恩。
- 要學會爲自己和別人的幸福花錢。

只要平常注重施展這個魔法，現實生活就會有實際的轉變。

如果你有比「天使」更合你心意、更重要的存在（例如「土地公」之類的），也可以把錢當作是祂們。

凡是珍惜金錢的心意，都會產生魔力。

不再害怕錢變少的思考法

只要花錢，錢就會變少。

雖然這是天經地義的事，但我曾有一段時期非常害怕這個事實。當時我年約二十五歲，正值貧窮時期，光是普通的生活就會讓錢不斷減少，所以我很害怕，甚至連買食物都捨不得花錢。

我希望那些跟當年的我一樣，會擔憂錢變少、對存款減少會感到罪惡的人，可以學會兩個改變意識的方法。

1 專注在「自己獲得的東西」

錢只要花掉就會減少。爲什麼會對如此理所當然的事產生負面的情緒呢？

這是因爲你只看得見**「逐漸減少」**這一個面向而已。

我們在超市採買時，會把購物籃裡的米、蔬菜、肉等商品拿去收銀台，掏出錢包結帳。

只能看見一個面向的人，每次購物時就會產生「啊，錢要變少了」的負面情緒。

最好要讓意識更加集中在付了錢後，可以**「獲得」**米、蔬菜和肉等商品這件事上。

米、蔬菜和肉是**用錢交換得到的「資源」，是一種「富裕」**。

不是只有錢減少，你還確實獲得了需要的東西。

可以試著對這些資源懷抱「感謝之情」。

如此一來，你對花錢的擔憂和恐懼應該會慢慢減少。

每次買東西時，是會產生正面的情緒，還是負面的情緒呢……

這樣反覆下來可是會對潛意識造成極大的影響喔！

2 讓錢循環的概念

別再想著「花錢」，而要想成**「讓錢循環」**。

雖然這看似只是說法上的差別，但意識會有很大的轉變。

「花錢」會導致「錢變少」，這兩個概念是無法分割的，對吧？

不過，「讓錢循環」這個思考方法，包含了付出的東西會再回歸的含義。

付出去的錢，會像迴力鏢一樣回到自己身邊。

循環給人的感覺就是這樣吧。

我介紹了兩種不同的思考方法，希望各位可以選擇適合自己的方法試試看。

或者，我也很建議兩者同時運用。

比方說，每當你在花錢買東西時，如果能夠想著：

「我得到另一種財富了。」

「讓財富循環起來吧。」

對於錢財變少的擔憂、不安和恐懼，應該會減輕很多。

你的努力會變成「宇宙儲蓄」存起來！

「你正在扎實累積一筆宇宙儲蓄喔。」

我在二十四歲到二十七歲這三年期間，辭職回家照顧母親、每週陪她去看身心科。當時，小林正觀先生對我說了一段話。

雖然這段期間很煎熬，但我依然沒有拋棄母親，一直陪伴在側直到她好轉。我把這件事告訴正觀先生後，他就回應了我這段話：

「你沒有拋下母親，眞的很了不起呢。這段時期你正在扎實累積一筆宇宙儲蓄喔。」

這句話，讓我有種獲得救贖的感覺。

累積宇宙儲蓄時要注意的事

或許會有人問，「宇宙儲蓄」是什麼？

簡單來說，它是一股看不見的能量。

大家都聽過**「積陰德」**這個說法吧？陰德就是指**爲善不欲人知、不求回報的善行**。

不斷累積的陰德，會變成一股看不見的能量，有朝一日會回饋到自己身上。

也就是說，積陰德等於是累積宇宙儲蓄。

你周遭是不是有那種，不管做什麼事都順利到超乎想像的人呢？

這種人很有可能是在無意之間，累積了很多宇宙儲蓄。

各位聽了會很想累積宇宙儲蓄，對吧？

爲了更容易累積看不見的宇宙能量，要注意以下這些重點。

1 讓自己跟別人都幸福

讓人開心，對人有益。這些都是累積宇宙儲蓄的基本，但重要的是不能犧牲自己。

不論對別人再怎麼有助益，若是忽略自己，就無法累積成為宇宙儲蓄。記住，「要讓自己跟別人都幸福」。

2 不發牢騷

說別人壞話、抱怨某些情況，就會對周遭造成負面的影響。

如果想累積宇宙儲蓄，那就不要發牢騷。

但這並不是要你隱藏自己的心情，不管發生什麼事都必須要忍耐的意思。

重點是別不看場合就隨意發牢騷。

負面的情緒可以寫在筆記本上，或是傾訴給值得信賴的人，利用這些方法吐露出來。

3 建立能使人成長的環境

開設某些教室或舉辦線上沙龍、講座等活動，建立能夠教導、培育他人的環境，可以累積宇宙儲蓄。

你是不是覺得自己沒有資格教人，這件事門檻太高了呢？

比方說，只要單純在YouTube、社群網站或部落格上，分享自己的所學所知就可以了。請一定要將自己感興趣的事物傳播出去。

「累積平常的信用」，也等於是累積宇宙儲蓄。

意思就是要**誠實、努力地活下去**。

或許有人現在正懷抱著痛苦的心情、遭受不合理的對待。

不犧牲自己很重要，所以我認爲逃離這些狀況也是必要的。

但是在逃不了、非得忍耐不可的時候，只要把這個狀況想成是**「我正在累積宇宙儲蓄」**，那不就能懷抱希望了嗎？

我不認爲受苦的時間都是白費。

因爲這段時間可以累積很多宇宙儲蓄。

我之所以能夠成爲心理諮商師，或許就是因爲能夠將那些事「兌換」成值得感謝的事。

財神會向「善於付出的人」微笑

我在大學時期，曾有一段時間在搬家公司打工。

我去打工時，會非常在意自己當天是不是跟某位同事在同一個地點值班。

只要跟他（A）在同一個地點值班，總是會有開心的事情發生。

因爲，A來上班以前都會先去連鎖蛋糕店，按人數購買奶油泡芙來分送給大家。

現場包含工讀生和正職員工在內，總是有十到十五人。

當年一個巨無霸泡芙要價一百日圓，有幾個人就買幾個。

這樣他每次大概都會花掉一千五百日圓吧。

A跟我一樣是大學生，對他來說這筆錢比打工的時薪還要高，絕對算不上便宜。

A一直都是爽朗、常常會想要討人歡心的**「善於付出的人」**。包括我在內，每個人都不是因爲他送泡芙才會喜歡他。

後來他畢業去找工作，錄取了日本頂尖的綜合貿易公司。「果然這種大公司都會想要他這種人啊」……我還清楚記得自己當初深有同感。

他不可能在面試中告訴面試官「我以前打工時會請同事吃泡芙」。但是，他的表情、舉止、氣質，應該都散發出他「希望讓大家開心」的生活態度吧。

A總是會思考自己還能做什麼，並且付諸行動，他在大學時期並不是什麼有錢人。不過，他肯定是**深受財神眷顧**的人。

不求回報的行爲有助於積陰德。

可見A**累積了很多宇宙儲蓄**吧！

付出以後，宇宙會三倍奉還

付出即是獲得。

我說過，這就是宇宙的法則。

自己先付出，將來會回報給自己。

不管是金錢、幸福、喜悅，一樣都會「循環」。

在宇宙法則中，**付出會得到三倍的回報**。

也就是說，你會得到遠比自己的付出還要更大的恩惠。

我在上一節提到的A，現在的收入應該比當初付出的泡芙錢要多上幾千倍吧。

但這其中有一個很關鍵的重點，那就是——

回報不一定來自於付出的對象。

不管你為了誰拚命做了什麼事，他也未必會回報你。

回報往往是「從其他管道」。

所以，即使付出的對象沒有任何回報，也不要抱怨「我都幫他做了那麼多了」。

財神最喜歡「善於付出」的人。

只要放寬心，單純地主動為人付出，總會在某個方面得到三倍的回報。

你是用什麼樣的心情在繳稅？

所得稅、營業稅、消費稅……政府有各式各樣的稅金。
各位都是用什麼心情在繳稅呢？

「這個月的薪水也被扣了這麼多……」
「好不容易加薪了，結果稅也跟著漲了，好悲哀。」
「爲什麼一定要繳消費稅啊？煩死了。」
是不是很多人都是抱著這種負面情緒在繳稅呢？

我有一名客戶是單親媽媽，她在離婚後領取了政府的育兒津貼。
補助金額是每年約五十萬日圓，她領了十年，所以總共是五百萬日圓。
當時她非常感激能有這筆津貼來維持生活、撫養孩子，但內心卻也想著：
「要是錢再給多一點就好了。」

不過後來，她的個人事業上了軌道，要繳的所得稅變高了，她不禁覺得：

「真不想繳這麼多。」

這一刻，她才驚覺：

「我怎麼那麼自私啊。」

當自己生活有煩惱時，不滿意現狀、「想拿政府更多錢」；當自己需要付出時，卻又想著「錢要被政府搶走了」。

她發現自己的器量太小，從此便改變了關注的焦點。

「今後，我要努力賺大錢，爽快地繳很多稅。」

自從她這麼想以後，簡直就像是開竅了一樣，工作變得一帆風順，如今她以「健心教練YUKO」的身分活躍著。

那一瞬間，財神一定是降臨在她身邊了吧。

她不僅出了書，年收入破億，甚至還再婚了，公私兩方都過得相當充實。

是要不情不願地繳稅，還是爽快地繳稅？

人民有納稅的義務，就算不甘願，也非繳不可。反正都要繳稅，你難道不覺得爽快地把稅繳掉會更有利嗎？

不想繳稅的心態，就跟我在「不再害怕錢變少的思考法」（74頁）提過的一樣，是只看見錢「逐漸減少」這個單一面向而已。

自己繳的稅金，可以爲有生活困難的單親母親提供津貼。還會變成修繕公共道路和橋樑的工程費，以及支持我們生活的公務員薪水。稅金也會在自己遇到困難的時候，出手幫助自己。

這麼說來，不就是**「讓富裕循環起來」**嗎？

「我這個月也很努力賺錢，幸好自己有能力繳稅。」

我總是抱持著這種想法在繳稅。

用什麼心情在繳稅，對潛意識的影響也很大。

營業額提高，賺取的利潤變多，要繳稅的金額就會增加。

也就是說，**若是想著「不想繳稅」，就會吸引到營業額或利潤愈來愈少的現實**。

「盡量賺錢，盡量繳稅吧。」

當你能夠培養出這種心態時，更大的富裕就會接踵而來。

在提到政治人物和公務員時，偶爾會有人說「要是他們拿我們繳的稅金中飽私**囊**怎麼辦……」在我看來，只要想著「但願我繳的稅能派上用場」就夠了。

就跟我前面說過的一樣，要以自己的稅金是花在給弱勢的津貼或公共用途的心態來納稅。

「請用我繳的稅金。」

這個想法才能讓富裕循環起來，跟誰怎麼用這筆錢一點關係也沒有。

換新鈔是改變金流的機會！

二〇二四年七月，日本發行了新鈔！

這是睽違已久的新紙鈔，尤其是一萬日圓鈔票的肖像，在一九八四年將聖德太子換成了福澤諭吉，這次則是換成了澀澤榮一，整整睽違四十年的更新。

各位在拿到新紙鈔時，會不會覺得莫名地興奮呢？

其實，這股興奮的感覺，對提高財運來說也很重要。

錢有自己的意志。

錢最喜歡願意珍惜自己的人。

我在這本書裡已經多次提點，**拿到新鈔的開心情緒，就是珍惜錢的情緒**。

就連不太能在舊鈔上感受到這股情緒的人，也有了這個更換成新鈔的大好機會。

新鈔會散發出好的氣流，光是帶著就能提高財運。
就趁這個機會認真面對金錢吧！

受到財神眷顧的方法，就是跟錢打好交道。
我希望各位先做的第一件事，是問候鈔票。

拿到新鈔以後，用「請多關照」的心情跟它打個招呼吧。假如你拿到了一萬日圓紙鈔，可以對上面的肖像問候：
「澀澤榮一先生，真高興能見到您。」
「以後也要多多來我身邊喔。」

對五千日圓紙鈔的津田梅子、一千日圓紙鈔上的北里柴三郎也是一樣。

各位在人際關係上，與人初次見面時也會打招呼吧。

「您好。」

「很高興能夠見到您。」

「今後也請多多關照。」

與錢之間的關係，就跟人際關係是同樣的道理。

work

「錢的肖像畫」功課——將喜歡的心情透進潛意識

我們來做個開開心心跟錢培養感情的功課吧。

請仔細觀察紙鈔上面的圖案，幫它畫一幅「肖像畫」吧。

包含鈔票上的人像、數字，就算畫得不好也沒關係，盡可能細心地畫出來吧。記得兩面都要畫喔！

許願「想要錢」，但根本沒有仔細觀察過錢的人，其實比想像中的還多。

趁著畫圖的時間好好面對金錢，**可以讓「喜歡錢」、「錢很珍貴」的心情滲透到潛意識**。

最後，你會跟錢的頻率產生共振，就能跟錢融洽相處了。

「十分之一的儲蓄」是錢母

這裡要來介紹，現實中怎麼讓錢以「一拔一大串」的方式增加。

原理是把錢當作「錢母」，製造出錢滾錢的良性循環。

這就叫作**「十分之一儲蓄」**。

這個方法並沒有像魔法那樣神奇，但我本身長年體驗了這個效果，所以我可以掛保證。

十分之一儲蓄是大約一百年前初版發行的致富暢銷書《巴比倫最富有的人》裡記載的方法，也是日本首富齋藤一人先生推薦的方法。

作法很簡單，顧名思義就是**只儲蓄實領薪資的十分之一**。比方說，你的實領薪資是三十萬日圓的話，那就存十分之一的三萬日圓，這樣每個月累積下去。

而這十分之一的儲蓄有個重要的規則。那就是**「一輩子都不能領出來」**。

爲什麼？好不容易存那麼多錢，卻不能領出來……雖然各位會很訝異，但千萬不能領出來。

如果你需要用錢，就別動用十分之一的儲蓄，要改從其他帳戶提款。

一輩子都不能領出來，就代表那個帳戶裡的**錢會一直增加**。

不過也有人聽到一輩子不能領出來，就忍不住打退堂鼓。

我非常能夠理解這個心情。

我因爲齋藤一人先生的推薦，大約從二十七歲開始進行十分之一的儲蓄。當時我已經辭掉超商的兼職工作，去當派遣員工，每個月實領薪資是十四萬日圓。其中有一萬四千日圓要存起來，老實說，我的生活過得非常辛苦。

而且，這筆錢居然還不能領出來……。

但是在我持續一年後，我的觀念改變了。

原本幾乎見底的儲蓄帳戶，在一年內存了約十六萬日圓，我因此有了很大的自信，覺得**「我也成功存到錢了！」**

在十分之一儲蓄的帳戶之外，我還開了另一個有需要時可以使用的儲蓄帳戶。

如果你因爲不能提款而感到猶豫，請先試著堅持一年看看。如果覺得十分之一很難，改成「十分之〇．五」或「十分之〇．一」也沒問題。假設你實領二十萬，覺得要存兩萬很困難，可以改成存一萬，甚至是兩千、一千也沒關係。

看著存摺上的金額愈來愈多，就會感到開心。這股情緒是一種成功的經驗，跟你過去哀嘆著「這個月也沒辦法存錢」的時期相比，金流明顯開始改變了。最後，你的收入也會逐漸增加，得以儲蓄更大的金額。

一轉眼，你就變得愈來愈富有了。

這肯定是有財神在爲你打氣吧。

我的十分之一儲蓄帳戶，至今仍每個月持續增加中。

我可以感受到自己下定決心每個月開始存的一萬四千日圓，眞的變成了「錢母」。

你有想賺多少就賺多少的「器量」嗎？

我想會翻開這本書的讀者，應該都是「想要更多錢」、「想變得富有」的人。

那我要問大家一個問題：

你希望自己每個月有多少收入呢？

「希望每個月可以增加十萬收入。」

「我想要每個月有一百萬！」

「當然是賺愈多愈好啊。」

答案應該都不盡相同。

「希望每個月可以增加十萬收入」的人，可能現狀與目標的落差沒有那麼大，也可能是想要拿這十萬去做什麼事，像是拿來給孩子學才藝、稍微增加一點夫妻的零用錢、想要每個月上餐廳兩次、想要每半年外出旅行一次等。

這時，只要運用這本書介紹的金毒淨化法趕走窮神，培養出會受財神眷顧的思想和習慣，肯定在不久的將來就能實現願望。

無法滿足於「每個月增加十萬」，而是「想要每個月有一百萬！」、「當然是賺愈多愈好啊。」的人，是眞的都很清楚自己想要這筆錢做什麼嗎？

我常常會詢問想要月入一百萬的人：

「那你想要拿一百萬來做什麼？」

得到的回答有「我現在的房租是七萬，想要搬到房租十五萬的房子」、「我希望在超市可以買得起比較好的肉，而不是只能買便宜的肉」等，答案千奇百怪，但這都是只要月入約五十萬就能達成的生活水準。

每當我追問：「那剩下的五十萬要怎麼辦？」結果大多數人都答不出來。

只能想像出五十萬日圓的用途，代表那個人現階段只有**「月入五十萬日圓的器量」**而已。

這樣一來，財神就會判斷「這個人不需要一百萬」。

你為什麼想要這個金額，會怎麼使用呢？
只要能夠具體地想像、刻進潛意識的話，財神就會帶給你需要的錢財了。

如何過著不受金錢操控的人生？

我發行的電子雜誌大約有六萬名讀者，我經常收到讀者反饋感想的電子郵件，而其中有一件事令我很在意。

就是**很多人都遭遇過投資詐騙**。

大家都會投資，以備將來不時之需，但有些格外猖獗的詐騙，會集中針對這些理財意識較高的人。

甚至有人將退休金全部拿去投資，結果虧損了超過一億日圓……

而且，我還聽說有人會向高利貸借投資基金。

投資詐騙會將你長久以來拚命工作存下來的錢，一瞬間化爲烏有。

近年來，詐騙還怪招百出。

他們會利用社群網站和 LINE 傳送「投資發大財」之類的訊息，儘管收訊者很清楚「哪有那麼好康的事」，但是試著投入一點錢後，本金卻會以一般投資根本想像不到的效率翻倍。

錢當然不是眞的增加了，只是網站上的帳面金額增加而已，是表面上的數字。

這是想吸引人再投入更多資金的圈套，但很多人都會因此受騙上當。

在不知不覺中投入了大筆金錢，等到想解約提取現金時……當然就無法兌換了。

絕大多數人都以爲「我才不會上投資詐騙的當」。不過認眞踏實的人之所以受騙上當，終究還是因爲沒有充分理解金錢的緣故。

要了解自己將來需要多少錢。

要仔細調查自己考慮投資的金融商品。

詐騙會抓住你內心「隱約的不安」，趁虛而入。

所以一定要萬分小心！

「額外收入」不是只有錢

很多人在財運提升後，就會得到額外的收入。
各位想像中的「額外收入」是什麼呢？

・中樂透大獎。
・突然繼承親戚的財產。
・得到公司發的特別獎金。
・家裡的古董賣到意想不到的高價。

……諸如此類，可以想到各種千奇百怪的東西。
不過，要是我問各位最近有額外的收入嗎？

「根本沒有……」

這麼回答的人一定很多。
確實，像這種天外飛來一大筆錢的額外收入，才不會那麼常發生呢。

但是實際上，**還是有很多小小的額外收入會來到你的手上**。

比方說，路邊分送的隨身面紙包。
隨身面紙包很方便，也經常需要花錢去買。
而且製造隨身面紙包也需要人手，需要成本。
可以免費拿到面紙包，難道不是件很幸運的事嗎？
當街上有人遞面紙包給你時，你會怎麼反應呢？
會覺得「只是面紙而已」就當作空氣般忽略。
會面無表情地抽了就走……。
這樣好像是把難得的額外收入，當作避之唯恐不及的東西。

富裕會因爲你的察覺、你的感謝，而更加茁壯。
所以，請一定要**說出「謝謝」**、**笑著收下面紙**。

如果別人給的是你不需要的東西，大可懷著「感謝」的心情選擇不收。

除此之外，公司同事贈送的旅行伴手禮也是一份正當的額外收入。

像是沖繩的金楚糕、京都的八橋、溫泉豆沙包等。

你平常可能都是不經意地收下，但這些都是更值得開心的東西。

因爲購買那份伴手禮，必須要花交通費親自前往當地，選購大約一千日圓的商品才能得到。是對方在有限的時間內爲你挑選、購買的伴手禮。

所以希望你能懷著「感謝」的心情道謝，熱烈詢問對方「旅行好玩嗎？」

對方可能會送你討厭的東西，根本沒辦法自己吃，但還是要用一句「謝謝」表達收禮的心情，好好收下以後，回家再分給家人即可。

你也會得到很多額外的收入。這難道不會讓你覺得興奮期待嗎？

察覺自己得到的小小額外收入，心懷感謝，最後就會吸引到更大的額外收入。

《大誌雜誌》的理念

各位知道《大誌雜誌》嗎？

這是爲了幫助街友回歸社會，世界各地都會發行的雜誌。

它發源自英國，創刊於一九九一年。

簡單來說，它的銷售模式是將前十本免費提供給街友，而負責銷售的街友會在街頭向行人兜售雜誌。

要是十本全部賣出，街友會以十本的收入爲資本，此後以一本五折以下的批發價買入，售出後就能賺到約一倍的利潤。

我是從我尊敬的某位大老闆那裡，得知這本雜誌的存在。

他用一千日圓向販賣的街友購買定價四五〇圓的雜誌，表示「不必找錢」，而且還跟對方握手，說「你要加油喔」。

這件事令我印象深刻，所以我每次在路上看到賣《大誌》的街友，都會向他購買。

這本《大誌雜誌》的經營模式，眞的是立意良善呢。它並不是將街友一直視為「接受施捨」、「無法自力更生」的立場，而是支持他們成為**「能夠自營生計的立場」**。

這跟我在第2章（51頁）提到的釋迦牟尼托缽的故事，有異曲同工之妙。

你在大老闆的眼中是什麼樣的員工？

前面我談過自己大學時代在搬家公司打工的故事。

這份工作只要出勤一次，大概都能賺到一萬一千日圓日薪，對學生來說是錢多事少的好差事。

而且，薪水都是當天預付。只要人到了現場，就可以直接領到錢。

於是，我想到的就是「上班要怎樣偷懶」。

畢竟不管我再怎麼勤奮，薪水也不會增加，所以努力會吃虧，那當然還是偷懶比較好。

因此，我經常躲在廁所裡消磨時間。

有一天下班後，我跟一群正職員工去喝酒。當時，其中一個人問了我一句話。

「masa啊，我想問你一件事，**如果你是老闆，你會請你這種人來上班嗎？**」

我聽到這句話，當下感到非常震驚。

表面上我裝作把工作都處理得面面俱到，但私下偷懶的行徑還是曝光了。

從此以後，我對工作的態度就改變了。

我必須做到假如自己是老闆，會想要雇用自己的程度。

沒有哪位老闆會聘請工作能力不值得這份薪水的人。

我會想聘請拚命工作的人、能夠爲周遭帶來正面影響的人、工作優秀到會讓我想幫他加薪的人，而我必須成爲這樣的人。

滿腦子只想著「怎麼偷懶」的工作態度，無法給任何人帶來喜悅和富裕。

作爲社會的一分子，我必須認眞履行我的職責，對聘請我的人有所貢獻。

我對那位在學生時代就教會我這個道理的正職員工，只有滿心的感謝。

成為有錢人的捷徑，就是祈求別人幸福

有個方法是，只要專心想著某件事，就能漸漸獲得錢財和富裕。

那件事就是祈求「某個人」的幸福。

那要祈求誰的幸福才好呢？

答案是「有錢人」。

只要祈求有錢人的幸福，你就能夠成爲有錢人。

「爲什麼？」

「有錢人已經很有錢又幸福了，還有必要幫他們求嗎？」

我好像可以聽見有人這麼問。

那我們就來看一下，無法成爲幸福有錢人的特徵吧。

認定有錢人都是壞蛋的人。

嫉妒有錢人的人。

很遺憾，富裕並不會來到這種人的身邊。

對有錢人的負面情緒，是一種「成見」。

我在第1章提過，一旦累積了金毒，也就是被窮神看上的話，就很容易用負面的眼光看待有錢人。

無法祈求有錢人的幸福，這股心思裡也很有可能隱藏著這種成見。

對錢的成見化爲現實，才會建構出目前的狀況。

因爲否定有錢人，就等於是否定自己成爲有錢人的可能。

既然如此，若是能反過來**「肯定有錢人」**的話……

以「墨菲定律」聞名的美國牧師約瑟夫．墨菲，是提出吸引力法則的始祖，他說過一句話：

「要祝福自己嫉妒的事物。」

這到底是爲什麼呢？

其實，**我們會嫉妒的事物，都是自己最想要的東西**。

比方說，失戀了、愛情始終不順利的人，會嫉妒感情順利的朋友。

因爲在公司遲遲無法升遷而焦躁的人，會嫉妒順利升職的同事。

很多人以爲「嫉妒」是負面的情緒，但它是一種可以看清自己眞正追求的事物、意義深遠的情緒。

想要變成有錢人。

如果你有這個願望，從現在起就爲有錢人祈求幸福吧。

例如當電視節目播出有錢人的生活情景時，你可以祈求「希望他事事順心」。

如果有新聞報導他買了大豪宅、創立了新事業，你可以想著「恭喜他」，獻上自己的祝福。

能啓動「吸引力法則」的，就是**屬於無意識領域的「潛意識」**。

潛意識無法辨識主詞，也就是無法區分自己和別人。

只要祈求有錢人的幸福，你跟錢的關係就會愈來愈好、產生吸引力。

在養成習慣以前，請特意去做這件事。

順便一提，我在70頁提到「錢是會帶來幸福的天使」，而我認爲有錢人也是帶來幸福的天使。

他們不只是溫和親切，會讓人感到幸福，還會以納稅和捐款的形式貢獻社會。

他們儼然就是財神派來的天使。

不要再想著「反正我就窮」

前面已經介紹過各種會受到財神眷顧的「有錢人思維」，不知道各位的心態有沒有發生變化呢？

「我好像也能成爲幸福的有錢人！」

如果你有這種感覺，肯定已經變成了會吸引金錢的體質，現實生活也開始改變了。

「反正我不可能變成有錢人……」

如果你有這種感覺，或許你對錢還是殘留了很深的負面成見。這種人也缺乏自信心，所以通常很難賺到錢。

要是沒有自信，就無法順利讓錢循環起來。

這裡我們就來看增加自信的思考方法吧。

比方說，假設日本演藝圈的名媛叶姊妹要請你吃飯，那她們會招待你去什麼樣的店呢？

她們會帶你去速食店、連鎖家庭式餐廳，或是廉價居酒屋嗎？

換個角度思考，或許她們也能用新奇的態度享受這些平民店家，但是用一般想法來看，她們不可能會帶你去那種店，一定是愼重地選擇餐點滋味、氣氛都絕佳的餐廳吧。

雖然我並沒有見過叶姊妹，所以她們實際的作法可能不一樣。只不過從她們的形象，可以看出她們「非常有自信」。

我想說的是，**自信可以傳遞給身邊的人**。

反正我就窮……。

去便宜的店吃飯就好，買便宜的衣服就好，買便宜的包包和鞋子就好，頭髮亂七八糟也沒關係，不化妝也沒關係。

這種心態會傳染給周遭的人，很遺憾的是，別人就會用同樣的心態對待你。

因爲，你展現給別人看的就是毫無價值的樣子。

打開「富裕開關」吧！

日本首富齋藤一人先生說過：

「女人是『鮮花』，要穿亮色的衣裳。」

我接觸過的幸福有錢人，不管是頭髮或肌膚都是亮麗有光澤，身上配戴的飾品也都閃亮耀眼，感覺連我都跟著變得華麗高貴了。

幸福的有錢人都很珍惜自己。

這樣會散發出一股窮神無法靠近，又能得到財神喜愛的「波動」。

珍惜自己，有助於打開富裕的開關。

盡量吃自己想吃的東西。

盡量穿自己想穿的衣服。

最珍惜你的，一定要是你自己。

夫妻無論何時都是「同酬」

我的諮商客戶中女性占了七到八成，每當我建議她們「要把錢花在自己身上」，很多人都是畏畏縮縮地表示：

「但我是全職家庭主婦……」

「可是我賺的錢沒我先生多……」

要是抱持著這種心態，就會覺得「我用便宜貨就好」、「奢侈是大敵」，導致自信心低落。

結果，窮神就會找上門，把你吸引到無法順利賺錢的現實之中。

就算你是家庭主婦，就算你賺的錢很少，也完全沒有必要自卑！

「我根本沒有在賺錢，這樣也沒關係嗎？」

如果客戶像這樣沒有自信，我都會跟他們說同一句話，那就是：

「夫妻無論在什麼時候，薪水都是一樣高。」

先生能夠放心去上班工作，都要多虧有太太處理家事和照顧孩子。

用足球或籃球這類運動來比喻的話，外出上班的人是負責「進攻」，在家工作的人則是負責「防守」。光靠進攻不可能贏得比賽，光靠防守也不可能奪得勝利。有攻有守，才能組成一支球隊。

現在很多人都是雙薪家庭，這時必定雙方都要兼顧進攻和防守。

但這並沒有改變兩人是隊友的事實。假如先生的年收是六百萬日圓，太太一定要相信自己也同樣賺了這麼多錢。

女人要當「鴻運女」

爲自己的隊友加油打氣。

這句話的意思，就是女人要當會帶來好運的鴻運女才有利。

只要先生的工作業績提高、收入增加，就等於整個家庭的收入都會增加，當然，太太的收入也會增加。如果你是先生，向太太表達感謝之情就是很重要的事。

爲了全家的幸福生活，不要對家人抱怨和發牢騷，而是要時常讚美他們、鼓勵他們，建立可以舒適工作的家庭環境。

累積信用就是增加宇宙儲蓄

我在77頁談過宇宙儲蓄的話題。

宇宙儲蓄是一股看不見的能量，只要腳踏實地累積下去，最終就能夠「兌換」。

①自己也能讓別人幸福

②不隨便發牢騷

③建立能使人成長的環境

這些都是累積宇宙儲蓄的重點。除此之外，「平時累積信用」也是很重大的要素。

宇宙有無限的財富，所以不需要跟別人爭奪。只要面對眼前的事，誠實對待眼前的人，就能持續累積信用。累積了多少，就會有多少富裕降臨在你身上。

雖然我們看不見「信用」，但**信用確實存在，而且可以「兌換」成金錢**。

我現在除了從事心理諮商以外，也會透過 YouTube 和電子雜誌，每天發布一些能夠稍微幫各位舒緩心情的訊息，以及有助於提升財運的資訊。

剛開始願意看頻道、讀電子雜誌的人很少，不過我還是一點一滴，慢慢取得了大家的信任。

「看到這個人的貼文，總覺得很安心。」

「讀這個人寫的文章，心情會變輕鬆。」

有愈來愈多人因爲我而有了這種感覺，就代表我正在累積信用吧。

我能夠出書，也是多虧了信用的累積。

更多人透過這些管道認識我、願意了解我提供的資訊，幸運的是我的收入也因此增加。

而這份富裕，會無止盡地繼續擴大。

這麼一想，

宇宙儲蓄就像是可以孕育出更多金錢的源頭。
而且，似乎也可以直接說，
宇宙儲蓄＝信用。

覺得熟悉的地方不太對勁，就是升級的時刻

各位對於成爲幸福有錢人的思考方式，有什麼感想呢？

只要一點一滴去實踐，就能打造出財神容易安居的環境。

當你身邊的金流開始改變以後，或許會感覺到有點不太對勁。

平常喜歡去的地方，變得不怎麼喜歡了。

待在以往常待的地方，總覺得心靜不下來。

這些都是你即將要進入下一個階段的跡象。

比方說，你原本最愛去的購物中心正在舉行大拍賣，你去逛了逛，卻沒有看到想買的衣服。

超市裡的現成小菜正在打折！但你終究沒有買。

常買的便宜醬油，和使用講究的原料釀成、有點昂貴的醬油。你猶豫了一

下，最後買了有點貴的醬油。

你本來坐在美食廣場喝茶休息，但覺得四周太吵雜，便馬上離開了。

這些情況，都是因爲你對金錢的價值觀改變了。

把錢花在會讓自己更開心的事物上吧。

花錢對自己好一點吧。

不必害怕，盡量選擇對現在的你來說最舒適的作法。

這股直覺，將會帶著你走向更加閃亮耀眼的階段！

第3章 重點整理

- 把金錢當作是「**帶來幸福的天使**」，就能施展魔法。
- 花錢就是「**讓富裕循環起來**」！
- 你的付出會**得到三倍的回報奉還**，但回報不一定是來自付出的對象。
- **增加自信**，就能打開富裕的開關。

寫下自己到目前為止的心得吧。

第4章

一輩子跟錢
融洽相處的習慣

如何施展改變人生的「習慣魔法」？

各位對於淨化金毒的方法、有錢人的思維……有什麼感想呢？

比起開始讀這本書之前，你吸引金錢的力量應該確實提升了。

但是，有一個很大的重點，就是**如果沒有養成習慣，人就會恢復成原本的狀態**。

人很難改變，因爲潛意識裡有**「維持現狀的機制」**。這個功能又可以稱作「恆定性」或「體內平衡」，是維護生命必備的功能。

然而，它會在我們想要培養某些新習慣時造成阻礙。

開始做一件事直到養成習慣，據說需要二十一天。

在漫長的人生當中，只要能夠持續三個星期，就能養成一個習慣。

所謂的習慣，就是不做會覺得不舒服的狀態。

頻繁淨化金毒、改變對錢的觀念，只要能像刷牙一樣養成習慣，就能培養出「有錢人的體質」。

若要養成習慣，以下這個方法很有效。

1 在日曆上標出二十一天後的日期

決定好要做什麼以後，從起始日開始計算，在日曆上二十一天後的日期那一欄，寫上大大的「○○習慣達成日」。每天在日曆上寫下目前是第幾天，就可以避免不小心忘記，而且逐漸靠近達成日，還能提高自己的動力。

2 達成以後要獎勵自己

人只要覺得興奮期待，就會願意努力。

憑著大人的財力買下想要的整套漫畫，去想去的餐廳吃飯，報名溫泉旅行等。不管是什麼都可以，爲自己準備一份達標的獎勵吧。

就算沒辦法堅持下去，也不必感到自責。光是能夠挑戰就已經很棒了！下次再挑戰吧。

可以招財的錢包特殊待遇

前面已經談過「錢是會帶來幸福的天使」（70頁），這就代表**錢包是「天使居住的地方」**。

你的錢包是什麼狀態呢？

你平常是怎麼對待錢包的呢？

這裡不只是要介紹怎麼與錢（＝天使）打交道，還會介紹討財神歡心的錢包使用方法。

1 保持錢包乾淨

大前提是，你的錢包乾淨嗎？

如果錢包已經用了好幾年，變得破破爛爛或壞掉，建議要送去維修或是更換成新錢包。

此外，你的錢包是否因爲天天使用而變黑了呢？

要經常幫錢包擦去髒汙，保持乾淨。**如果是皮革材質，用專門的清潔劑保養是最好的了！**

那錢包裡面的狀況如何呢？

是不是塞滿了發票和集點卡，或是放了一大堆零錢呢？

如果錢包是這種狀態，錢應該會住得很不舒服。這正是窮神會喜歡的錢包。

每天出門回家後，要**清出錢包裡不需要的東西**，讓它保持整潔吧。

2 固定錢包的收納位置

外出回家後，你都會把錢包放在哪裡？

可能有人一直都是收在包包裡，不過錢包最好還是要**放在錢會喜歡的地方**。

包包裡對錢來說並不是理想的容身之處。錢偏好的地方，是**陰暗、寧靜、涼爽**的地方。

下列這些地方都不建議放錢包。

×包包裡

×火源附近（廚房等）
×水源附近（廚房、洗手台等）
×陽光直射的地方（吧台、窗台等）
×電視和音響附近

把錢包放在這些地方會被錢討厭，無法順利存到錢。

我建議放錢包的地方是

・**臥室這類寧靜的地方**
・**抽屜櫃和櫥櫃之類的陰暗處**

如果沒辦法放在臥室裡，我也**建議放在象徵財運方位的北側或西側房間**。

風水上，金錢的能量是汲取自西方、儲存在北方。

而且，不要每天都把錢包放在不同的地方，設定一個「錢包專用的住處」才是提升財運的祕訣。

3 給錢包「特殊待遇」

決定好放錢包的位置以後，接著要給錢包特殊待遇。

例如我建議給錢包下列這些ＶＩＰ待遇！

・在臥室的抽屜櫃裡，設置一個專門放錢包的收納盒

準備一個大小正好適合錢包的漂亮盒子，或是你喜歡的盒子，感覺就像是幫錢包打造一個家。

・在臥室櫥櫃裡設置保險箱來放錢包

金屬材質的保險箱，在風水上跟錢的相容性也非常好。錢包跟存摺、金融卡等與錢相關的物品都可以放進去。

・在北側的櫥櫃裡鋪上錢包專用的墊子，讓錢包安睡（放置）

準備一個適合錢包大小的蓬鬆墊子，讓錢包在上面

好好休息，可以提升財運。

錢有自己的意志。

雖然本書一直反覆強調這件事，但只要像這樣給錢包特殊待遇，錢就會感到開心、願意幫忙提升財運。

存摺最好也要跟錢包一樣，放在陰涼寧靜的地方。

而且，存摺放進保護套裡會更好。存摺保護套有「包住錢財」的含義，可以避免無用的支出。

存摺保護套建議採用可以吸收一切、有集錢力量的黑色，或是象徵豐富和成功的金色。

我有一位客戶是很愛賭馬的男性，我們在談到錢包的使用方法時，他表示「我平常都是直接把錢包收在包包裡」。於是他馬上在臥室櫥櫃裡設了一個錢包專用盒，給錢包特殊待遇。

結果，他在那週的賽馬賭中了贏家，他嚇得跟我報告說：「我花三千中了四十三萬！」很驚人對吧？

4 換新錢包的首選

「要選什麼樣的錢包才能提升財運呢？」

很多人都會問我這個問題，而我的回答一律是：

「選你一眼看中，或是自己喜歡的錢包！」

以這個爲大前提，再參考各種顏色代表的能量來挑選。

金色 可以將運氣提升到最大限度的顏色。金色會更容易獲得上天賜予的恩惠。

土黃色 提到財運就會想到黃色，但要小心，鮮黃色不只會增加賺到的錢，也會增加花出去的錢。選擇沉穩的土黃色，可以強化踏實儲蓄的力量。

粉紅色 又稱作開運色，可以加強人緣，也是可以提高戀愛運的顏色，有望與有錢人結緣。

綠色 提升事業運，可以保佑事業順利，提高加薪機會，也是能夠維護健康的顏色。

黑色 推薦會不小心亂花錢的人使用。有隔絕外界邪氣、保佑平安的力量。可以封鎖錢財的動向，扎實守財。

奶油色 推薦給想要投資理財，透過金錢的調動來增加財富的人。除了奶油色以外，淺黃色也有相同的效果。

白色 感覺自己最近花費很多的人，可能是有穢氣纏身。白色有斬斷負能量、一掃穢氣的力量。但要是變髒，力量就會減弱，所以要保持潔白。

茶色 擁有大地之氣、能量穩定的顏色。可以輔助想踏實存錢的人。

紅色 擁有火之氣、會燃燒自己的運氣，所以最好避免當作錢包的顏色。不過紅色也是能激發幹勁的顏色，推薦用在想要積極賺錢的時期。建議選用稍微帶點茶色調的酒紅色，會兼具紅色與茶色的性質。

藍色 擁有水之氣，帶有「錢財如流水」的含義，所以鮮豔的藍色不利於財運。不過淺藍色有淨化的作用，也有增財的含義，因此最好選擇較淺的藍色。

了解顏色的含義後選出自己中意的錢包，就能更加提升財運。

趁著民間信仰的黃道吉日購買新錢包，做些開運的行動，就能提升財運、得到金錢的恩賜。請務必在這些日子購買新錢包。

5 在滿月之夜搖搖錢包

在滿月之夜最好要做的，就是搖搖錢包。

據說這樣可以提升財運。步驟如下：

①把錢包擦乾淨。

②內部清空。

③朝著滿月的方向，唸著「謝謝、謝謝……」並搖晃錢包約五分鐘。

滿月象徵「充滿＝積蓄」。

爲錢包充滿月亮的能量吧。

不要懷疑「這怎麼可能」，重點在於搖晃錢包、期待著「滿月的能量會吸引許多錢進來」。

即便是陰天或雨天，在看不見滿月的日子也一樣有效。

變成真正的購物高手

小林正觀曾用半開玩笑的正經口吻說這段話：

「從今天開始，不要再去美食名店排隊用餐了。名店的隔壁肯定有乏人問津的店，這種店或許很難吃，店員態度又差，但你還是應該要走進沒有客人的店。」

若要得到財神的眷顧，最重要的是把錢用在對人有幫助的地方。

走進一天會有兩千位客人上門的熱門店家，自己的消費就是該店營業額的兩千分之一。

但是，走進一天只有十位客人上門的店家，自己的消費就是該店營業額的十分之一。

你的消費更能讓哪一邊開心，應該很清楚了吧？能讓人開心的花錢方式，就等於是生財……

小林正觀說：「不想吃難吃的食物，想吃美味的食物。」

這個想法是來自於自我（ego）。

刻意去難吃的店用餐……能夠做出這種選擇的人並不多。我也會想依自己的喜好選擇，不願意去難吃的餐廳。而這本書裡也提過，「要吃自己真正想吃的東西」、「要讓自己開心」。

重點在於花錢的方式，「**能夠讓人有多開心**」。

只要持續以讓人開心的方式花錢，在不知不覺中，錢自己就會在各個錢包裡說悄悄話。

「要是去那個人的家，他就會用讓人開心的方式花錢喔。」

於是，所有錢都會跑去那樣的家裡了。

這樣錢就會以非常想要讓人開心的狀態存在。

我在二〇一九年從東京移居到石垣島。

在石垣島上，我只會去旅遊書上沒有刊登、只有當地人才會去的店裡消費。選擇去那樣的店，可以跟當地人打好交道，或是收到店家贈送的芒果或鳳梨，會有很多好事發生。

我不會去大型超市，而是去個人經營的店鋪買菜。

我會去新開幕的店鋪看看。

這類「用讓人開心的方式花錢」的方法，其實在平常隨處可見。

我認爲這樣的花錢方法，才是眞正的購物高手。

work

「對錢說話」功課——讓付出的錢加倍奉還

在店裡用餐、購物而拿出錢包時，希望你務必做一件事。

那就是對錢說：

「下次再帶你朋友一起回來吧。」

只要在心裡說出這句話就可以了。

要懷著「謝謝你來到我身邊」、「要再回來看我喔」的心情，向錢道別並目送它離開。

剛開始執行時，可以在錢包上貼個便條紙才不會忘記。

請一直持續到即使不貼便條紙也已經習慣去做的程度。

受到宇宙眷顧的生活之道

有一件事，比「怎樣才能存到錢」還要更重要。

那就是**「該怎麼花錢」**。

我想跟各位介紹我向小林正觀請教「受到宇宙眷顧的生活之道」後，所聽到的兩則故事。

1 喪禮上有一千五百人來致哀的老太太

在一座人口約三千人的村莊裡，有一位七十八歲的老太太過世了。

她的喪禮來了一千五百人，相當於半數村民。就算是村長的喪禮，也頂多只有七、八百人而已。能吸引這麼多人來弔唁的老太太，究竟是何許人也？

這位老太太在五十五歲以前都是小學老師，後來成爲村裡的民生委員，並沒有做過什麼大事，或是有特別的貢獻。

只不過，**她直到過世以前，都只會在自己學生開的店裡買東西**。

即使附近新開了大型超市和折扣商店，不管是肉、蔬菜、水果還是電燈……她一律只在學生開的店裡買。

她直到七十八歲往生以前，始終堅持這種花錢方式，所以深受大家的愛戴。

因此，才會有多達一千五百人來參加喪禮。

認為「就算只便宜一圓也是便宜！」的人，很難聚財。

這跟136頁談到的「要去乏人問津的店家」是同樣的道理，需要花錢的時候，永遠都要選擇「最能令人開心」的選項才對。

即使稍微有點貴，只要花錢的方式能讓人開心，不管有多少，自己歡喜付出的錢都會再回來。

2 新潟縣的大地主伊藤家

你覺得世世代代都富裕繁榮的家族或家世，藏有什麼樣的祕密呢？

新潟縣有一座北方文化博物館，這裡是越後地區數一數二的大地主伊藤家的宅邸，占地八八〇〇坪，建坪一二〇〇坪，主屋裡的房間多達六十五間，這個規模以私人住宅來看，堪稱是日本最大。

這座宅邸捐贈給財團法人，由第七代伊藤文吉先生出任博物館的館長（後來由第八代伊藤文吉先生繼承，但聽說他已在二〇一六年去世）。

北方文化博物館的大廣間前面是一片池塘，裡面有座假山。這座假山高約五公尺、寬約十公尺，體積不大，卻花了三年半的時間才建造完成。

提到新潟就會想到米，以前曾經發生過稻米歉收整整三年的飢荒。當時，伊藤家委託附近的農家「幫忙在這裡建造一座假山」。

而且，他們開出的條件是「絕對不能用任何機械輔助」。

這座假山是完全靠人工搬運砂土、堆砌而成。不管是老年人還是小孩子，任何人都能參加這項工程。

當時年紀尚小的第七代伊藤文吉，不明白父親為什麼要做這樣的事。

等到假山建造完成以後，他才知道，

「錢這種東西，必須經常考慮該在何時花掉。」

力。

「我們家希望能在假山完成以前，可以一直付工資給他們。」

之所以會有「不能使用機械」這個條件，是因爲手工作業才需要大量的人

在假山落成時，這群幫忙做工的農家曾經表示：

「託伊藤先生的福，我們全家才沒有因爲活不下去而自殺。」

雖然想要提供金錢給有困難的人，但並不是單純施捨給他們就好。人都有自尊心，所以單純的施捨可能會傷害他們。伊藤家爲了不傷害這些人的心，才會委託他們建造假山，以便把錢發出去。

周邊的居民都十分感謝伊藤家，因此才會一直祈求：

「希望伊藤家能夠大富大貴。」

因爲伊藤家深知最能讓人開心的花錢方式，所以才沒有招人嫉妒和眼紅。

一九六四年，新潟發生地震。震央位於新潟市的北方海域，海嘯跟火災嚴重損害了伊藤家附近的住家，但伊藤宅邸卻完好無損，沒有掉落任何屋瓦，牆上甚至連一個裂縫都沒有。

爲什麼他們家會在大地震中逃過一劫呢？

聽說伊藤家在地震後，爲災民提供了包含食物和住處的一切所需。

令人不禁猜想，這難道不是神明覺得無論如何都「必須留下這棟房子」，而在地震中保護他們嗎？

聽完這個故事後，我感動到啞口無言，然後強烈地渴望「我想要活得像伊藤先生一樣」。

我相信像他這樣的生活之道，正符合「金錢與工作的宇宙法則」。

別想著「總有一天會做」，立刻就去做現在能做到的事

雖然第二則故事的格局相當大，但我希望各位不要因此覺得「自己辦不到」。

你沒有必要馬上就去做什麼大事。

比方說，如果你有一件事是打算「等有錢了再去做」，那就可以先去做對這件事有幫助的小事。

假如你關心貓咪中途活動，即使現在無法馬上中途收容貓咪，也可以先從小額募款開始做起。

一定有什麼事是你現在能做的！

有錢人的家總是一塵不染

幸福的有錢人很多都「喜歡招待客人」，我也曾多次受邀到他們家中做客。

物質上、精神上都十分富裕的有錢人家有個共同點，那就是他們的**家裡都一塵不染**。

掃除無微不至，物品從不散亂在外。

「福神」最喜歡乾淨整潔的住家。幸福的有錢人應該都很清楚，「丟掉不需要的東西」有多麼重要。

各位的家裡是不是堆積了很多不需要的東西呢？這也是爲了把家維持在窮神絕不上門的狀態，一定要定期檢查並丟棄不需要的物品。

下列都是丟棄後，可以明顯改變運氣流動的物品。

1 不穿的衣服

檢查衣櫥，如果有一整年都沒穿到的衣服，就把它處理掉吧。衣櫥裡最好只收納眞正適合你、你喜歡的衣服。

2 穿舊的衣物

內衣、襪子等穿舊的衣物要定期丟棄。鬆鬆垮垮的衣物會降低你的運氣。

3 想著「可能會派上用場」而保留的物品

你家是不是堆積著從外面拿回來的免洗筷、化妝品的試用品、紙袋、空箱呢？如果這些半年都沒用到，代表不會再用了，就當作它們已經失去用處了吧。以這些物品爲主，丟棄不需要的東西，就可以放你現在需要的東西！

「掃廁所」還是很重要！

只要掃廁所，就不會再為錢煩惱。

這是很多地方流傳的說法，各位應該也聽說過吧？

但是，廁所跟財運有什麼關聯呢？令人匪夷所思。

告訴我掃廁所很重要的小林正觀，說了以下這段話。

「宇宙是個能夠積蓄所有能量和訊息的水壩。這個水壩裡容納了包含金錢在內的龐大能量。若這股能量能夠流出來，就會來到自己手上。但要是自我堵住了流出的管道，能量就進不來。」

而打掃廁所，好像就可以把累積的自我沖掉。

我想應該有人聽得一頭霧水吧……我在二十幾歲聽到這段話時，也根本沒有聽懂。

不過，聽不懂也沒關係，反正去做就對了！

我這十多年來每天都會掃廁所，而結果十分完美。我不曾為錢傷腦筋，也不再擔心自己付不出錢。不僅如此，我還經常得到額外的收入。

在外面的廁所也是一樣，要注意**使用後一定要清理得比使用前更乾淨**。擦拭馬桶時，如果能利用感謝的言靈之力，一邊**唸著「謝謝、謝謝……」**的話會更好！

聰明篩選自己要接觸的資訊

你會在拿起手機後，不知不覺就滑了很久嗎？

你在家是不是經常打開電視、轉到雜聞節目來看呢？

網路新聞、社群網站、電視節目，這世上充斥著各種有趣的媒體內容。每個內容都是爲了吸引觀眾或使用者收看、主動連結才會製作出來。

網路上甚至還有一種機制，是會經常顯示出與自己搜尋過的關鍵字相關的廣告。

琳瑯滿目的資訊當中，也包含了許多負面的內容。像是報導經濟不景氣、製造恐慌的新聞，明星外遇的新聞，誹謗中傷的言論等。

你知道接觸大量負面的資訊會怎樣嗎？

可怕的是，會累積金毒。

爲了防止好不容易淨化的金毒再度累積起來，最好能夠**認眞篩選自己所接觸的資訊**。

我建議可以限制自己滑手機的時間，或是安排「數據重置」時間，經常關閉手機電源。

電視不要一直開著，錄下自己想看的節目以後再看，也是不錯的方法。

好好篩選能讓自己感覺舒適的資訊吧！

不斷讓錢進入口袋的口頭禪

我很習慣說錢的壞話……如果你原本是這個樣子，那後來怎樣了呢？說壞話的頻率減少了嗎？

要是說錢的壞話，「我不需要錢」的訊息就會滲透至潛意識裡。

爲了避免這種情況，只要反過來**說會讓錢進入口袋的口頭禪就好了**。那要說什麼才好呢？

以下介紹幾個我推薦的句子。

「錢很棒。」

「錢能讓我安心。」

「只要心情舒暢，就能吸引錢進來。」

「我可以變成有錢人。」

「我愛錢。」

「錢愛我。」

「我會滿面笑容、心懷感恩去花錢。」

「宇宙有無盡的財富。」

「錢錢啊，平常多謝你了。」

這些都是會不斷把錢吸引過來的魔法話語。

平常要像口頭禪一樣多唸幾遍，讓這些話滲透到潛意識裡。

去做會養成有錢人心態的事

我去參加以「幸福有錢人」爲主題從事寫作的本田健舉辦的講座時，有幸得到發問的機會。

我問他：「什麼方法可以用最快的速度成爲有錢人？」

結果，他的回答是：

「跟有錢人往來。」

他表示，跟有錢人往來，可以清楚了解對方的思考方式、花錢的方式。

確實，如果自己認識有錢人，應該就可以快速學到「有錢人的心態」。

但是，也有不少人的狀況是「沒辦法接觸到任何有錢人」。

這種狀況下，我建議**可以在社群網站或影音網站上找出「幸福的有錢人」**。

從「好像很有錢」的人當中，找出你覺得發布的內容很好、想要向他看齊的人，仔細觀察他。

也可以閱讀已累積龐大資產的人以個人經驗談所寫的書。

盡可能接觸更多「有錢人心態」，就可以有錢人的思維融入自己的內在。

前往「有錢人」所在的地方

如果想要更靠近感受有錢人的作風，前往可能會有很多有錢人的地方也是個好辦法。

我個人建議可以**去大飯店的酒廊喝飲料**。

大型飯店的酒廊都會有很多有錢人，可以觀察他們的言行舉止和服裝打扮。

而且最重要的是，我之所以建議去飯店酒廊喝飲料，是因爲在那裡可以品味到優雅的氣氛。

在飯店酒廊點一杯飲料，包含服務費在內大約是兩千日圓。

一般咖啡店只要四、五百日圓就可以喝到香醇的咖啡，因此飯店酒廊的消費是四到五倍的價格。

或許你會想，我沒辦法花那麼多錢喝咖啡……。

但是，這筆錢不只是咖啡的價格而已。

你還可以欣賞開放感十足的挑高天花板，在美妙的空間裡享受細膩的服務。

只要待在那個空間裡，富裕的開關就會啓動。

不過每個星期都去的話，負擔會很大，所以可以考慮一、兩個月去一次，當作給自己的犒賞。

一開始進去都會莫名緊張，或許會覺得坐立難安。

我當初坐在那裡，也是感到渾身不舒坦。

明明只是去喝杯咖啡，卻像運動一樣全身都是汗（笑）。

不過，在我去了好幾次之後，就變得愈來愈自在了。

這代表我已經**逐漸適應了那個地方**。

雖然價格有點貴，但可以**在酒廊裡喝下午茶**簡直棒透了吧！

各位不妨趁著這個機會去訂位試試看吧？

要妥善整頓錢財

若要跟錢融洽相處，就要充分了解金錢。

我在第1章（29頁）也提過，對錢隱約感到的不安，會轉化成「缺錢」的負面想法，吸引窮神過來。

既然那麼喜歡錢，那就要好好認識錢。

因此，我建議各位要**妥善整頓自己和家人的財產**。

比方說下列項目，你是不是都弄清楚了呢？請再重新確認一下。

1 現在擁有多少錢

了解一下自己跟家人的銀行帳戶裡有多少錢，包含投資的金額和家裡的現金。

2 貸款餘額與還款期間

如果你有房屋貸款或汽車貸款，就再重新確認一下還款的餘額和預定繳完的時期。

3 購買的保險內容

整理一下壽險、醫療險、住宅火險等保險的金額和內容。有些很久以前購買的保險，放到現在來看已經不需要那麼高額的保障了。篩選出現在的自己和家人需要的保險就好。

4 信用卡年費和優惠項目

你有平常不用卻要繳年費的信用卡嗎？不需要的信用卡就申請停用吧。

此外，有些信用卡設有購物的點數回饋制度。找出自己經常消費的店家有回饋的卡片，依照自己的生活型態嚴選信用卡。

5 持有的投資商品內容

應該有人爲了增加資產，而購買信託基金或股票。我認爲這個觀念非常好！但是，你眞的了解自己投資的商品內容嗎？

如果你只是「聽說這支基金會賺錢」，沒頭沒腦就買下的話，那就有點危險了。投資雖然也有從做中學的一面，但還是不要把自己重要的金錢放在自己不懂的地方。

我在99頁也提過，近年投資詐騙非常猖獗，必須審愼評估。

因爲不擅長算數，就對理財視而不見，或是任由家人幫忙處理的人，請務必要改變你的觀念。

第一步，我建議你**先讀三本以上關於理財的書**。書店裡都有很多理財方面的書籍，可以選你覺得有趣的書來看。

如果想要不斷增加家裡的財產，全家人一體同心也很重要。全家一起訂立儲蓄的目標並共同努力，也會更快實現吧！

此外，**每個月開一次家庭理財會議**，安排全家人一起討論財產的機會，也會比較安心。

這份安心，會吸引財神上門。

珍惜小錢，大錢就會登門來道謝

受到財神眷顧的徵兆，會發生下列這些情形：

・跟錢對上眼
・額外收入增加
・會注意到相同的數字排列……

而我要介紹的是「跟錢對上眼」，讓錢會更常對你示意的金錢使用說明。

一旦受到財神眷顧，就會經常撿到錢。

雖然撿到錢馬上送交警察局才是正確的作法，不過我自己在撿到一圓、五圓、十圓這些硬幣時，都會前往當地的廟宇參拜，當作香油錢捐出去。

這也是齋藤一人經常提到的作法，只要珍惜一圓硬幣，更大的十圓硬幣，甚至是再更大的一百、一千、五千、一萬圓鈔票，就會登門來向你道謝。

「謝謝你照顧我家小孩。」

大概就是這種感覺。這樣任誰都會希望它們盡量上門來道謝吧！

而且，財運一旦變強，你也會經常撿到「**護身符**」。

看到護身符我也一定會撿。照理說最好是要把它歸還給原本的廟宇，但這很難做到，所以我都會把它們還給每年會去參拜一次的伊勢神宮。

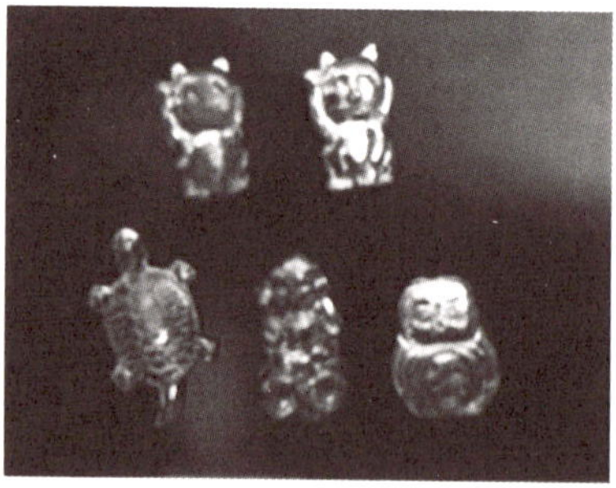

除了一般的護身符以外，我也經常撿到可以放進錢包的開運小物。

想像一下錢入帳後要怎麼用

「要是中了大樂透會怎麼用？」

這應該是每個人都曾經思考過的事情吧。

買房子、去旅行、買車等，盡情幻想自己怎麼用這筆錢實在很好玩，對吧？

這股興奮期待的心情，會不斷把錢吸引過來。

但是要小心，如果內心深處仍有「反正不可能中獎」的想法，就會把你拉進不會中獎的現實。

重要的是**更具體、更清晰地想像怎麼花錢，興奮地期待著**。

我在96頁談過「你有想賺多少就賺多少的『器量』嗎？」你必須擴大自己的器量，才能準備好隨時接受一大筆錢。

後面我會介紹用玩遊戲的感覺就能做到的想像訓練。

試著為銀行存摺裡的數字加上「0」

在你的銀行存摺餘額的後面加「0」吧。

假設存摺上的餘額是一百萬，你就在後面寫上兩個0，讓它變成一億。寫上兩個0，想像自己的銀行戶頭裡有一億，會感到興奮，對吧？

如果你有一億的話，會做什麼呢？

想像一下自己要去哪裡、要買什麼，盡可能地想像各種用途吧。

也可以加三個0變成十億，或是加四個0變成一百億。

重點是看著存摺開心地幻想，因此可以的話，最好寫在已經用完的舊存摺上。

如果沒有註銷的舊存摺，那就寫在現有存摺的前一頁，而不要寫在最新的那一頁就沒問題了。

我在眞正爲錢煩惱的二十幾歲時，都會在存摺上少得可憐的金額後面加上四個0，然後一個人傻笑著。

爲什麼玩這種遊戲可以把錢變多呢？因爲——

「我有錢」這個正面的情緒，可以**打開「富裕的開關」**。

財神最喜歡好玩的事了。

祂會跟你一起玩，結果就在不知不覺中眞的幫你帶財喔！

第4章
重點整理

- 「金毒的淨化」和「有錢人的思維」，都是只要**持續二十一天**就能養成習慣！
- 給錢包**「特殊待遇」**，討財神歡心！
- 花錢時永遠都要**選擇「最能令人開心」的選項**才對。
- 前往能培養出有錢人心態的地方，讓自己適應那個地方！

寫下自己到目前為止的心得吧。

後記

你想要每個月增加收入，過著有點奢侈的人生嗎？

你曾經吃過雜草沾美乃滋嗎？

我在家照顧生病的母親，兼做時薪不高的打工族時，

經常在想一件事：

「雜草沾美乃滋可以吃嗎？」

當時，我過著光是支付房租和水電費就入不敷出的生活。

看著存款逐漸減少，讓我很害怕花錢。

我覺得一天三餐很奢侈，於是過著一天一餐的日子，

結果導致身高一八〇公分的我，體重低於六十公斤……。

正因為有這段挨餓的經驗，

我才能面對現實，切身體悟到錢眞的很重要。

因爲我有過缺錢的恐怖經驗，

「只要有錢就會幸福」的念頭才會更加強烈。

只要有錢，想要什麼都買得起，

可以受到大家吹捧，過得幸福洋溢。

在那之後過了一陣子，我認識了一名經商有成、備受眾人尊敬的大富翁。

但是有一天，他的太太和小孩卻離家出走了。

太太留下的紙條上寫著「我沒辦法再繼續跟著你了」。

我至今依然忘不了他用落寞的神情說：

「只有錢是得不到幸福的。」

從此以後，我開始認眞思考：

「錢究竟是什麼？」

於是，**我用自己的方式確立了吸引財神眷顧的方法，**

最終領悟到成爲「幸福有錢人」的方法。

我將這些想法重新寫成關於錢的書，

才發現**齋藤一人與小林正觀的教誨對我的影響有多麼大。**

我衷心感謝並尊敬這兩位偉人貢獻的智慧。

這本書寫的是**「你想要每個月增加收入、過著有點奢侈的人生嗎？」**

談論關於金錢的基本內容。

我寫得相當簡單又有效，所以請你務必要熟練喔。

讓我們一起來體驗不愁沒錢的安心世界吧！

最後，所幸有從本書的企畫到編輯、

一直與我共事的編輯花本智奈美小姐，

以及協助編輯的明道聰子小姐，

這本書才能夠順利出版。

我真的很高興我們能夠一起共度愉快的時光！

還有託各位有緣人的福，

我才能過著每天都無比充實的美好人生。

我打從心底感謝願意和我往來的所有人。

這本書提供了一個契機，

哪怕是多一個人也好，
希望能讓更多人成功吸引財神來敲門。

Eurasian Publishing Group
圓神出版事業機構
如何出版社
Solutions Publishing
www.booklife.com.tw
reader@mail.eurasian.com.tw
Happy Fortune 026

被財神爺喜歡到怕的方法

淨化金毒、史上最簡單的開運增財術

作　　者／心理諮商師masa
譯　　者／陳聖怡
發 行 人／簡志忠
出 版 者／如何出版社有限公司
地　　址／臺北市南京東路四段50號6樓之1
電　　話／（02）2579-6600・2579-8800・2570-3939
傳　　真／（02）2579-0338・2577-3220・2570-3636
副 社 長／陳秋月
副總編輯／賴良珠
責任編輯／柳怡如
校　　對／柳怡如・張雅慧
美術編輯／林韋伶
行銷企畫／陳禹伶・朱智琳
印務統籌／劉鳳剛・高榮祥
監　　印／高榮祥
排　　版／莊寶鈴
經 銷 商／叩應股份有限公司
郵撥帳號／18707239
法律顧問／圓神出版事業機構法律顧問　蕭雄淋律師
印　　刷／祥峰印刷廠
2025年6月　初版
2025年10月　7刷

定價 300 元
ISBN 978-986-136-737-8

睡前寫筆記，是改變人生的第一步。
作者熟讀2000多本書，並經過15年實驗，
歸納出這個5000人實證有效的超感謝筆記法。
一天只要花短短的3分鐘，
打造出幸運的心靈體質，人生就會出現驚人轉變！
——《睡前3分鐘超感謝筆記》

國家圖書館出版品預行編目資料

被財神爺喜歡到怕的方法：淨化金毒、史上最簡單的開運增財術 / 心理諮商師 masa著；陳聖怡譯. -- 初版. -- 臺北市：如何出版社有限公司, 2025.06
176 面；14.8×20.8公分 --（Happy fortune：26）

ISBN 978-986-136-737-8（平裝）
1.CST：財神 2.CST：感謝
561.014　　114003077